D1734342

Mosaik
bei GOLDMANN

Buch

Wer seinen Erfolg nicht als Einsiedler sucht, braucht rhetorisches Geschick – nicht nur für Vorträge vor großem Publikum, sondern für jedes Gespräch. Die Top-Trainerin liefert gezielte Informationen zu über 50 Stichwörtern sowie kreative Trainingsaufgaben. So werden rhetorische Freiheit und Sicherheit vermittelt, die Sprechtechnik verbessert, Reden werden überzeugend und gewinnend.

Autorin

Die Leiterin des Instituts für gehirn-gerechtes Arbeiten, Vera F. Birkenbihl, ist eine der ganz Großen der Seminar-Szene. Die Querdenkerin gehört zu den Erfindern des Infotainment, lange bevor es einen Begriff dafür gab. Sie nennt das (seit 1969) brain-friendly und (seit 1973) gehirngerecht. Ihre Themenbereiche sind u.a. Kommunikation, Persönlichkeitsentwicklung, Zukunftstauglichkeit und Psychologie des Erfolges und Versagens (inklusive Streßbewältigung) sowie Brain-Management (inklusive Kreativität). Immer wieder wird sie als »seriöse Trainerpersönlichkeit« bezeichnet, nicht zuletzt, weil sie ihre Stoffe selbst entwickelt, regelmäßig Longseller schreibt, ihre Quellen sauber angibt, »alte« Themen systematisch updatet und ebenso konsequent völlig neue Themen erschließt: von wichtigen Aspekten der Quantenphysik und der Komplexitätstheorie über Memetik und Humor bis hin zur Zukunftstauglichkeit. Inzwischen haben sie über 350.000 Menschen in Vorträgen und Seminaren live erlebt, und Millionen haben sie im Fernsehen gesehen und im Radio gehört. Die Gesamtauflage ihrer Bücher, Kassetten und Videos liegt bei über zwei Millionen.

Von Vera F. Birkenbihl außerdem bei Mosaik bei Goldmann:
Intelligente Rätsel-Spiele (16611)
ABC-KREATIV© (16569)

Vera F.
Birkenbihl

Rhetorik

Redetraining für jeden Anlaß

Besser reden,
verhandeln, diskutieren

Mosaik
bei GOLDMANN

Dieser Titel ist bereits in der 8. Auflage bei Ariston erschienen.

Umwelthinweis:
Alle bedruckten Materialien dieses Taschenbuches sind chlorfrei und umweltschonend.

3. Taschenbuchauflage
Vollständige Taschenbuchausgabe Februar 2004
Wilhelm Goldmann Verlag, München,
ein Unternehmen der Verlagsgruppe Random House GmbH
© 2002 der deutschen Ausgabe Heinrich Hugendubel Verlag, Kreuzlingen/München
Eine frühere Ausgabe erschien im Urania Verlag, Berlin
Alle Rechte vorbehalten
Umschlaggestaltung: Design Team München
Umschlagillustration: Vera F. Birkenbihl
Zeichnungen: Vera F. Birkenbihl
Satz der Neuausgabe: Junfermann D&S, Marion Wendland
Druck: GGP Media GmbH, Pößneck
Verlagsnummer: 16568
Kö/Schl · Herstellung: Ina Hochbach
Printed in Germany
ISBN 3-442-16568-7
www.goldmann-verlag.de

Inhalt

Teil II: Trainingsaufgaben   119

Aus dem Vorwort zur broschierten Ausgabe

Außerdem erschienen bis Sommer 2002 zwei weitere Teilthemen, nämlich:
• *ABC-Kreativ©* – *Techniken zur kreativen Problemlösung* (hier geht es um eine ganz andere Art, schwierige Probleme anzugehen, die überdies auch noch Spaß macht), sowie
• *Das innere Archiv©* (hier geht es um das Begreifen und Speichern von Ideen, um später kreativ mit ihnen arbeiten zu können).

Wer andere meiner Bücher (oder Kassetten) kennt, weiß, daß es zwischen ihnen **wenige** inhaltliche Überschneidungen gibt. Das vorliegende Buch jedoch ist das **erste**, in dem ein Thema publiziert wurde, das sich in den letzten Jahren zu einem Haupt-Schwerpunkt mit inzwischen **drei** (!) eigenständigen Büchern gemausert hat (**ANALOGRAFFITI**). Auf den Seiten 150 ff. finden Sie meine allererste kurze Hinführung zu dieser **Denk-Technik** (die bis zur 5. Auflage noch *Analografie* hieß). Außerdem war dies das **erste** Buch, in dem diese besonderen Wortbilder (sog. KaWa.s©) sich durch das ganze Buch »hinziehen« (z.B. auf den Seiten 154, 155, 159). Vor kurzem erschien das neue Haupt-Werk (**Das große Analograffiti-Buch**) mit vielen farbigen Beispielen. Im vorliegenden Rhetorik-Buch finden Sie die Denk-Technik, damit Sie Ihre rhetorischen Aufgaben (von einem schwierigen Gespräch über eine Verhandlung bis zu einer »echten« Rede) **besser vorbereiten** können, aber es handelt sich genaugenommen um eine Denk-Technik, die Ihnen ganz allgemein hervorragende Dienste leisten kann.

Damit sind wir bei einem zentralen Anliegen dieses Buches. Sogenannte rhetorische Probleme sind oft eigentlich denkerische Schwierigkeiten (von mangelnder Kenntnis bis unzureichender Vorbereitung). Wenn Sie erst einmal beginnen, systematisch an Situationen zu arbeiten, in denen Sie besser »reden« (oder kommunizieren) möchten, und feststellen, wie **faszinierend es ist, sich schrittweise zu verbessern** (vgl. »Steine im Fluß« S. 78, so bereite ich selbst jedes neue Referat vor!), dann wird es Ihnen viel **Freude bereiten**, denn unser Geist ist auf Evolution angelegt. So wie ein Baum nie aufhört zu wachsen, so sollte auch unser Verstand, unser Wissen und unser gesamtes Denken sich auf eine lebenslange Entwicklung einlassen – es macht einfach viel mehr Spaß!

Dieses Vorgehen bringt uns übrigens auf den Weg zur **Genialität** – egal, auf welchem Gebiet Sie systematisch weitermachen. Nun denken Sie vielleicht: *Genial? Ich doch nicht?!* Nun, die meisten Menschen nehmen an, Genies seien außergewöhnliche Leute, denen wir niemals das Wasser reichen könnten. Ähnlich halten wir **besonders kompetente Menschen** für **Beinahe-Genies**, damit landen auch sie in der Kategorie »genial«. Aber damit tun wir uns keinen Gefallen.

PINKER, Steven:
*Wie das Denken
im Kopf entsteht*

Wie Steven PINKER feststellt:

(Diese) Vorstellung entsprang vor zweihundert Jahren ... (Deshalb bekommen) Kreativitätsberater viel Geld von Unternehmen für die Durchführung von Workshops, die ... aus jedem Manager einen Edison machen (sollen) ... Tatsache aber ist: Historiker haben (die) Tagebücher, Notizen, Manuskripte und Briefe besonders kreativer Autoren, Künstler und Wissenschaftler durchforstet und nach Anzeichen für den übersensiblen Seher gesucht, der in regelmäßigen Abständen von Blitzen aus dem Reich des Unbewußten erleuchtet wird. Doch ... sie haben nur herausgefunden ...: Genies sind fleißige Menschen. **Das typische Genie bezahlt mindestens zehn Jahre Lehrgeld,** bevor es etwas leistet, das bleibenden Wert hat. Während ihrer Lehrjahre vertiefen sich Genies in ihr Fach. (...) **Das Genie TRAINIERT mehr** und hat daher ein **weit besseres REPERTOIRE** aufgebaut.

Mozart kompo-
nierte schon mit
acht Jahren Sinfo-
nien, aber sie
waren nicht sehr
gut; sein erstes
Meisterwerk voll-
brachte er im
zwölften Jahr sei-
ner Karriere.
(PINKER)

Das ist der Schlüssel: Beginnen Sie Ihr eigenes Repertoire auszubauen, indem Sie erste »Steine im Fluß« kreieren und polieren, denen Sie im Lauf der Zeit weitere hinzufügen, und so werden Sie eines Tages »trockenen Fußes« über das Wasser »gehen« können. Das Wasser symbolisiert fließendes Denken (ohne Vorbereitung), die Steine sind kleine rhetorische Module, gut durchdacht und trainiert. Auf diese kann man sich in Not-Zeiten »retten«, außerdem kann man längere Aussagen (Reden) als Ansammlung solcher Module sehen. So erzeugt man bereits im Vorfeld Sicherheit und ... aber lesen Sie selbst; all das steht in dem Buch, das Sie gerade in den Händen halten. Es beschreibt MEINEN Weg, aber er kann auch der Ihre werden!

Mit besten Wünschen,
Vera F. Birkenbihl, 2002   www.birkenbihl.de

Vorwort zum Goldmann-Taschenbuch

Wer mich kennt, weiß, daß die meisten meiner Taschenbücher Original-Ausgaben waren (wie auch das gleichzeitig bei Goldmann erscheinende *Intelligente Rätsel-Spiele*). Allerdings hat das Thema Rhetorik einen »ganz anderen« Weg hinter sich; es begann nämlich mit einem gleichnamigen Kassettenkurs (der inzwischen in der 11. Auflage vorliegt) – und nachdem der Titel in der 9. Auflage bei Ariston vorliegt, ist nun dieses Büchlein ein Taschenbuch »geworden«, was mich besonders freut. Danken möchte ich meiner Lektorin Sybille SCHLUMPP, die mich wieder mal mit viel Geduld und Professionalität betreut hat – wir hatten schon vor Jahren bei einem anderen Verlag zusammengearbeitet und die Kooperation war gleich wieder wie einst. Auch danken möchte ich Frau Marion WENDLAND, die das Buch so liebevoll »hergestellt« hat (im Verlagsjargon heißt das Gestalten der Seiten »Herstellung«); auch wir kennen uns inzwischen seit einigen Büchern ... (Manche zählen Zeit in Jahren, Eingeborene zählen vielleicht Winter, ich zähle Bücher.)

Egal, ob Sie die »große Rede schwingen« oder »nur« besser formulieren wollen: Wenn Sie es aktiv angehen und die praktischen Hinweise aufgreifen, werden Sie sich spielerisch verbessern. Eigentlich enthält dieses Büchlein ein ganzes Seminar ...

Viel Er-FOLG (= Folge Ihres Tuns ab heute) wünsche ich Ihnen

Was dieses Buch Ihnen »bringt«

Tips
Ideen

Dieses Buch bietet Ihnen eine Reihe von Tips und Ideen, die meinen Seminarteilnehmer/innen immer besonders weitergeholfen haben. So gesehen enthält es **»Seminarinhalte«**. Andererseits ist jedoch ein gutes Seminar (oder ein Vortrag, ein Artikel oder ein Buch) immer auch vergleichbar mit einem **»Super-Markt«** (im amerikanischen Wortsinn: ein »super« Markt!). Sie »schlendern« durch den »Laden«, Sie sichten, was Ihnen alles angeboten wird, und Sie entscheiden, was für Sie persönlich besonders wichtig ist.

Materialien

Um dem Text das Meistmögliche zu »entnehmen«, möchte ich Ihnen vorschlagen, bereitzulegen:

1. **Schreibzeug** für Notizen sowie
2. farbige **Filzmarker** in verschiedenen Farben und
3. **Büroklammern**.

Immer wenn Sie auf einen Gedanken stoßen, den Sie später mit Sicherheit wieder aufgreifen wollen, markieren Sie den Text und befestigen oben an der Seite eine Büroklammer. So können Sie Ihren »Rundgang« durch den »Super-Markt« in aller Ruhe beenden, ehe Sie die Produkte, die Sie »kaufen« wollen, nach Hause tragen.

Wenn Sie nicht nur »passiv« lesen, sondern auch **aktiv** mitarbeiten wollen, benötigen Sie noch zwei Dinge:

Kassettengerät   1. ein Kassettengerät, mit dem Sie Ihre Stimme aufzeichnen
können. Im Zweifelsfall reicht ein Billigst-Gerät aus dem
Kaufhaus, Sie brauchen keine Hi-Fi-Qualität!

Timer   2. einen Timer (bzw. eine Stopuhr), wobei inzwischen viele
Armbanduhren oder Computer-Notebooks diese Funktion
integriert haben.

Der Aufbau dieses Buches ist modular!

Dieses Buch beantwortet eine Reihe häufiger Fragen meiner
Seminarteilnehmer/innen und meiner Kund/innen, die das
Rhetorik-Kassetten-Set[1] gehört hatten. Es enthält

1. einige Schlüsselgedanken aus diesem Kurs – für alle, die
gern (zusätzlich) lesen und »anmalen« wollen
2. viele über die Kassetten hinausgehende Informationen.

Somit ergänzen sich Buch und Kassetten, wiewohl man mit
jedem allein gut arbeiten kann. Wer z.B. keine didaktischen
Hörspiele mag, braucht das Kassetten-Set nicht ...

Weil aber das Buch **viele Einzelfragen** aufgreift, ist es **modular** aufgebaut:

Teil I   * Teil I enthält die Antworten (Stichworte sind alphabetisch
Informationen   sortiert). Sie können vorn beginnen und alles lesen, aber Sie
können auch gezielt diejenigen Textstellen heraussuchen,
die Sie (derzeit) besonders interessieren.

Teil II   * Teil II faßt spezielle Trainingsaufgaben zusammen, die
Training   Ihnen helfen, sich schrittweise zu verbessern. Suchen Sie
sich diejenigen Aufgaben heraus, die Ihnen am meisten
»bringen«, und stellen Sie damit Ihr individuelles Trai-
ningsprogramm zusammen. Manche Übungen können Sie
allein absolvieren, bei anderen brauchen Sie eine Gruppe.

1   s. Literaturverzeichnis ab S. 180.

Wenn Sie Menschen kennen, die sich ebenfalls rhetorisch verbessern wollen, dann arbeiten Sie gemeinsam (vielleicht einmal pro Woche oder Monat, je nachdem, wie wichtig Ihnen dieses Vorhaben ist). Sie benötigen keine/n »Trainer/in«, Sie brauchen die Übungsanweisungen nur aktiv umzusetzen ...

Teil III
Gliederung

Neu:
Analograffiti©

* Teil III gibt Ihnen einige enorm hilfreiche Möglichkeiten, eine Rede zu gliedern. Wenn Sie Ihre Rhetorik vor allem für normale Gespräche (Konferenzen) verbessern wollen, ist in diesem Teil vor allem der Abschnitt »Analograffiti©« (S. 150 ff.) von Interesse, denn hier geht es um die Entwicklung von Gedankengängen (nicht nur für eine Rede!). Wollen Sie hingegen jetzt (oder später) echte »Reden« halten, dann können alle Gliederungs-Informationen für Sie als »Wegweiser« dienen.

Anhang

* Im Anhang finden Sie sowohl eine Beispiel-Rede als auch das Literatur- und Stichwortverzeichnis. Letzteres ist besonders hilfreich, wenn Sie unter dem Stichwort, das Sie interessiert, im alphabetischen Teil nichts finden. Suchen Sie hier verschiedene verwandte oder ähnliche Begriffe; so können Sie oft doch fündig werden.

Wie gut/schlecht sind Sie derzeit (rhetorisch)?

Es ist uns vielleicht nicht (immer) klar, inwieweit unser Glaube unsere Wirklichkeit schafft. Menschen, die Angst haben, werden weit mehr »angstauslösende Details« erleben als solche, die sich sicherer fühlen. Angenommen, Sie sind in einem Meeting und wollen »das Wort ergreifen« (also eine Mini-Rede, und sei sie noch so kurz, halten) – stellen Sie sich vor, daß gerade in diesem Augenblick der Kaffee ausgeht. Diese »Störung« wirkt auf jemanden, der nervös ist, ganz anders als auf jemanden, der sich wohl/er fühlt. Deshalb zeigen Ihnen einige Textabschnitte (vgl. *Selbstwertgefühl* (SWG), S. 70), wie Sie Ihre Selbstsicherheit erhöhen können.

Meeting
Mini-Rede

Selbstwertgefühl

In diesem Zusammenhang möchte ich Ihnen eine kleine Story
(vgl. auch Abschnitte *Stories* und *Zitate*, S. 86 und 114) aus
dem alten China erzählen.

China

Im alten China mußten Leute, die in den Staatsdienst woll-
ten, Prüfungen machen. Diese Prüfungen waren viel gehirn-
gerechter als unsere heutigen Eintrittsexamen für eine
Beamtenlaufbahn. Jemand, der beispielsweise Ingenieur im
Staatsdienst werden wollte, mußte auch in Poesie, Kunst,
Malerei und Kalligraphie gute Noten haben (nicht nur im
Ingenieurwesen!). Das war für einen »mathematisch gela-
gerten« Typen vielleicht ein bißchen schwierig, auch in den
Bereichen gute Noten zu haben, die nicht zu seinem ange-
strebten Spezialgebiet gehörten.

Hilf mir!

So ein Betroffener steht vor einer wichtigen Prüfung und
geht in den Tempel, um zu beten. Er kniet nieder vor der
Statue des »roten Richters«, einer Götterfigur mit einem
Pinsel in der Hand, welcher Erfolg in Kalligraphie, Poesie
und Dichtkunst symbolisiert.

Zu diesem roten Richter betet unser Kandidat jetzt und sagt:
»Ich bin ganz verzweifelt, morgen beginnen die Prüfungen,
die über drei Monate laufen werden. Kannst du mir helfen?«

Auf einmal kommt die Statue zum Leben. Der rote Richter
beugt sich herunter und sagt mit donnernder Stimme: »Hier,
nimm meinen Pinsel! Einen Monat nach Abschluß der Prüfungen bringst du ihn mir wieder!«

Überglücklich eilt der Prüfling von dannen. Und er besteht
alle Prüfungen summa cum laude. Er wird sogar ein geach-
teter Poet durch die Gedichte, die er in diesen Prüfungs-
Wochen schreibt. Er hat begonnen, außerhalb der Prüfungs-
aufgaben Gedichte und kurze Texte zu schreiben ... Aber
nun geht diese Zeit zu Ende, denn der rote Richter hatte ja

gesagt, daß er diesen »magischen« Pinsel zurückbringen muß.

Inzwischen hat er gelernt wertzuschätzen, daß er seine Gedanken und seine Emotionen ausdrücken kann. Er hat begriffen, was für einen Sinn es hat, wenn man seine Gedanken und Empfindungen niederschreibt.

Der Tag, an dem er den Pinsel zurückgeben muß, rückt immer näher. Er schreibt ziemlich hektisch so viel wie möglich, damit er diese Zeit noch ausnützen kann, solange er den Pinsel hat. Und dann geht er an dem Schicksalstag wieder in den Tempel und betet zum roten Richter. Zuerst bedankt er sich für die großartige Hilfe, und dann sagt er: »Ich würde so wahnsinnig gern deinen Pinsel noch länger benutzen. Das ist so toll, das fließt aus mir heraus, es entwickeln sich so großartige Dinge. Kann ich den Pinsel bitteschön nicht noch ein Weilchen behalten?« Wieder kommt Leben in die Statue. Wieder spricht der rote Richter mit donnernder Stimme: »Du Narr! Hast du es denn noch immer nicht begriffen? Jetzt kannst du mit jedem Pinsel schreiben!«

Der Glaube, der »Berge versetzen« kann ...

Seit unser Kandidat glaubte, er habe den »magischen« Pinsel, konnte er »plötzlich« schreiben. Aber es lag an seinem **Glauben**, nicht am Schreibinstrument!

Wie »neu« sind »neue Informationen«?

Jede Information, die Sie hören (oder lesen), kann »neu« oder »bekannt« sein, wobei diese Unterscheidung besonders dann wichtig ist, wenn die Information ein Verhalten beschreibt (wenn uns z.B. ein **Verhaltens-Tip** angeboten wird). Jemand erzählt uns vielleicht, wie man in zehn Minuten mit einem Mikrowellengerät eine Folienkartoffel zubereiten kann, was mit einem Herd fünfmal so lange dauert. Oder es betont

Neuer Tip

jemand, daß wir alle viel besser miteinander auskämen, wenn wir häufiger »bitte« und »danke« sagen würden.

Nun kann eine solche Information für uns **völlig neu** sein (z.b. der Folienkartoffel-Tip) oder aber **bekannt**. Das Etikett »bekannt« kann jedoch zwei völlig unterschiedliche Arten von Reaktionen in uns auslösen:

Entweder ...

Entweder ist ein Vorschlag uns bekannt/vertraut, weil wir dieses Verhalten nicht nur kennen, sondern auch anwenden bzw. leben. Dann machen wir zustimmende Geräusche (»wie wahr!« oder »genau!«). Oft sagen wir sogar:»Das ist logisch«, wobei wir mit dem Begriff »logisch« genaugenommen sagen wollen:»Das entspricht exakt meinen Erwartungen oder Erfahrungen.« Also hat unsere Aussage mit Logik (im Sinne der formalen Logik) überhaupt nichts zu tun, sie soll lediglich unsere Vertrautheit mit dieser Information ausdrücken.

Oder ...

Oder aber ein Tip, wie man sich verhalten könnte, ist uns zwar (theoretisch) bekannt, nicht aber vertraut, weil wir ihn nicht (oder zu selten) leben. Zum Beispiel der Vorschlag, unsere Mitmenschen öfter mit Namen anzusprechen.

Im ersten Fall (**bekannt/vertraut**) reagieren wir, als habe man uns eine tiefe Weisheit verkündet. Wir nicken ernsthaft mit dem Kopf, wir stimmen zu, wir finden den Sprecher (oder Autor, dessen Worte wir lesen) sympathisch, intelligent u.a.

Gefahr:
Abwehr

Im anderen Fall (**bekannt, aber nicht gelebt**) besteht die große Gefahr, mit Abwehr zu reagieren. Wir sagen dann gern, die Information sei »banal«, oder wir bezeichnen sie als »Gemeinplatz«. Komischerweise glauben wir jetzt, wir hätten uns das Recht erkauft, diese Information abzulehnen. Manchmal gehen wir sogar so weit, den Sprecher (Autor) auch gleich zu disqualifizieren. Er mag uns jetzt »lehrerhaft«, »besserwisserisch«, »unsympathisch« usw. erscheinen – je nachdem, wie gering unsere Bereitschaft ist, uns mit diesem **Gedanken** auseinanderzusetzen.

Warum ist das so? Antwort: Die Neigung zur Abwehr kommt zustande, weil wir uns weit weniger kennen, als wir glauben. Wir neigen dazu anzunehmen, daß wir Dinge, die wir **wissen**, auch **tun** (sie also **kennen** und **können**!), und wir mögen es nicht, wenn jemand uns auf die Diskrepanz aufmerksam macht. Deshalb lehnen wir solche Information gern ab. Somit kann aber **gerade unsere Abwehr** ein hervorragendes Signal darstellen, welches uns sagt:»Achtung; da ist etwas, womit du dich vielleicht doch näher befassen möchtest ...«

Entweder ...

Da es uns im ersten Moment der Konfrontation selten gelingt, uns trotz der inneren Abwehr offen mit der Information auseinanderzusetzen, schlage ich folgendes Vorgehen vor – testen Sie das folgende Konzept:

Oder ...

*Kennen oder
Können?*

Der Birkenbihl'sche Banalitäts-Test

Schreiben Sie den Gedanken auf einen Zettel, und hängen Sie diesen an eine Stelle, an welcher Ihr Auge mehrmals täglich darauf fallen wird. Im Büro kann es ein Platz an der Wand sein, auf den Sie (z.B. beim Telefonieren) regelmäßig schauen. Wenn Sie viel unterwegs sind, könnten Sie den Zettel an der Innenseite Ihres Aktenkoffers befestigen.

*Gefahr:
Abwehr*

Damit bewirken Sie folgendes: In den nächsten Tagen wird Ihr Blick immer wieder auf diesen Zettel gelenkt, und zwar in unterschiedlichsten Gedanken-Zusammenhängen. Somit wird diese Idee erstens »anders« auf Sie wirken als im ursprünglichen Zusammenhang, als Sie diese Information gehört (gelesen) haben. Zweitens begegnen Sie diesem Gedanken jetzt mit »Vorwarnung«, weil das Überraschungselement wegfällt, denn Sie sind ja darauf gefaßt, an diese Information erinnert zu werden. Deshalb können Sie beim nächsten Auftauchen weit

»objektiver« reflektieren, ob diese Idee Ihnen doch helfen
könnte, als zu dem Zeitpunkt, als Sie unerwartet damit »kon-
frontiert« wurden.

Immer noch
banal?

Sollte der Gedanke Ihnen nach drei oder vier Tagen immer
noch »banal« erscheinen, dann dürfen Sie ihn mit dem Zettel
ostentativ in den Papierkorb werfen.

Testen Sie den Banalitäts-Test mit folgendem Gedanken von
Seneca (1) oder dem inhaltlich verwandten Sprichwort (2):

1. **Gehe so mit dem Niedergestellten um, wie du wünschst,**
   daß der Höhergestellte mit dir umgehe.
2. **Was du nicht willst, das man dir tu', das füg auch kei-**
   nem andern zu.

Oder, positiv formuliert: **Behandle andere so, wie du von ihnen behandelt werden möchtest.**

Ziemlich banal, oder?![1]

In diesem Sinne möchte ich Ihnen vorschlagen, ab heute allen solchen Gedanken (inkl. denen dieses Buches), bei denen sich Ihnen der Gedanke »Wie banal!« aufdrängt, diesem Banalitäts-Test zu unterziehen. Es kostet Sie nur einen Augenblick Zeit, ein Stichwort auf einen Zettel zu schreiben und diesen (gut sichtbar) zu befestigen. **Zu verlieren haben Sie dabei nur diese Mini-Investition, Sie könnten jedoch möglicherweise viel dabei gewinnen!**

Ihr Gewinn

Ich habe so manchem Gedanken inzwischen viel zu verdanken, den ich ohne diesen Banalitäts-Test sofort verworfen hätte.

Machen Sie mit?

---

1 Wobei manche Seminar-Teilnehmer/innen äußerst erstaunt sind, wenn sie erfahren, daß der »große« KANT diesen Gedanken außerordentlich wichtig fand und ihn jedem als »kategorischen Imperativ« ans Herz legte.

Teil I: Die häufigsten Fragen

Aktivierung des Publikums

Die Quali-
tät der
(Quiz-)Fragen
bestimmt
die Quali-
tät der Ge-
danken, zu
denen Sie
Ihre Hörer
"verleiten".

Quiz-
fragen reizen
das Interesse
an Ihrem
Thema!

Quizfragen
können Ihren
Hörern neue
Zusammenhänge
zeigen ...

Es ist extrem leicht, die Menschen, die Ihnen zuhören sollen, aktiv einzubeziehen. Es folgen vier spezifische Vorschläge:

1. Eine Quizfrage (oder mehrere Quizfragen)

Sie können zu jedem Thema und zu jeder Frage (die Sie z.B. in einem Meeting erörtern wollen) eine Quizfrage (oder mehrere Quizfragen) formulieren, **um das Denken anzuregen**.

Jede Quizfrage kann als rhetorische Frage (s. S. 24) formuliert werden, oder aber Sie laden die Zuhörer ein, zu aktiven Teilnehmern zu werden, indem Sie sie bitten, über diese Frage/n kurz mit den Sitznachbarn zu diskutieren (60 bis 90 Sekunden reichen völlig!). Sofort erhebt sich ein engagiertes Stimmengemurmel. Nach Ablauf der Zeit (Sie haben natürlich eine Stoppuhr dabei) läuten Sie eine Glocke und sagen einige unwichtige Worte (z.B.: »Also, dann können wir ja weitermachen ...«), womit Sie signalisieren, daß es jetzt weitergeht.

Ich benutze diese Möglichkeit (mit und ohne Diskussion) seit über einem Vierteljahrhundert! Sie funktioniert phänomenal, mit wenigen Gesprächsteilnehmern wie mit tausend Zuhörern.

»Trockene
Theorie«?

Fallbeispiel: »Trockene Zahlen«

Angenommen, meine Botschaft befaßt sich mit Zahlen-material zu der Summe, die jedes Jahr für Rüstung ausge-geben wird. Wenn ich Ihnen diese Zahl nur mitteile, dann habe ich mehr oder weniger **Glück**, ob Sie diese Zahl a) wirklich bewußt hören und b) ob Sie sich die Zahl auch **merken** werden.

Aufnahme- und
Gedächtnishilfen
anbieten

Frage ich Sie hingegen **vorher**, wie hoch **Sie** die Summe schätzen, dann beginnen Sie, sich für die Fragestellung zu interessieren. Demzufolge »fallen« meine Informationen hinterher »auf fruchtbaren Boden«. Also ist es keine Frage des »Glücks« mehr, ob ich diese Zahl in Ihrem Bewußtsein »plazieren« kann.

z.B. durch
Vergleiche
(Analogien)

Wenn wir die Zahl hinterher noch gehirn-gerecht aufbereiten, z.B. durch den Vergleich mit den Geldern, die wir für Bildung (oder für Kindergärten, Altenpflege usw.) ausgeben, dann wird die Botschaft bei unseren Hörern einen nachhaltigen Ein-Druck hinterlassen (sprich: sie sind beeindruckt).

2. Die rhetorische Frage

Interesse wecken

Die rhetorische Frage ist eine Frage, die ein Redner (grie-chisch: Rhetor) stellt, auf die er jedoch keine Antwort erwar-tet. Dies ist ein hervorragendes »Stilmittel« eines guten Red-ners (auch für Einzelgespräche, Meetings und Konferenzen geeignet). Die rhetorische Frage ähnelt der Quizfrage, nur mit dem Unterschied, daß Sie nach einer kleinen Pause gleich wei-tersprechen.

3. Der heutige Tag

»Aufhänger«

Es gibt Nachschlagewerke[1], denen wir entnehmen können, was heute vor zehn (oder 100) Jahren passiert ist. Dies könnte ein »Aufhänger« für eine Quizfrage (s. S. 23) sein,

---

1   z.B. *Was geschah am ...?,* s. Literaturverzeichnis ab S. 180.

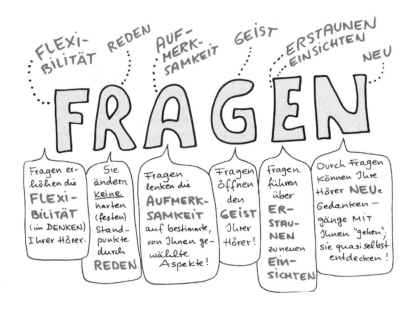

z.B.: »Wissen Sie, was genau heute vor (Anzahl) Jahren (in dieser Stadt/in diesem Land/in Amerika usw.) passiert ist?« Dann machen Sie eine kleine Kunstpause und beginnen mit dieser Begebenheit ...

4. Die konkrete Zielgruppe

Jede/r Zuhörer/in fragt sich immer: »Was BRINGT MIR das?«

Ein Eingehen auf die Anwesenden ist immer interessant. Jede/r fühlt sich »persönlich« angesprochen. Also kann eine »menschliche« Bemerkung oder Frage jede/n persönlich betreffen.

Wenn Sie hingegen eine »homogene« Gruppe vor sich haben (z.B. lauter Menschen desselben Berufsstandes, derselben Gemeinde, derselben Firma usw.), dann gibt es zwei besondere Möglichkeiten:

a) Sie selbst sind Teil dieser Gruppe.

Wir-Gefühl

Sind es z.B. Ingenieure (Sachbearbeiter, Grundschullehrer/in-
nen usw.) und sind Sie selber Ingenieur, dann können Sie diese Tatsache als **gemeinsame (emotionale) Plattform** nutzen:
»Wir Ingenieure (oder was auch immer) **stehen vor einem
faszinierenden Problem** ...« Jede/r fragt sich, was an einem
Problem »faszinierend« sein könnte, welches Problem Sie
meinen (oder ähnlich). Im Klartext: Jede/r Zuhörer/in denkt
sofort aktiv mit!

b) Sie sind selbst nicht Teil dieser Gruppe.

Du-Botschaften

Dann formulieren Sie den »Aufreißer« dementsprechend:
* Geben Sie der Gruppe eine **Anerkennung**, z.B.: »Was ich
  an Ingenieuren immer bewundert habe, ist ihre Fähigkeit ...«
* »**Verbünden**« Sie sich mit dem Publikum, z.B.: »Es spricht
  für Sie und für mich, daß wir uns bei diesem Super-Son-
  nenschein in diesen fensterlosen Raum begeben haben, weil
  wir annehmen, die Sache sei wichtig ...«
* **Schockieren** Sie Ihr Publikum, z.B.: »Man hat mich vor
  Ihnen gewarnt, von wegen, Sie seien entsetzlich sachlich
  und würden meine eher lockere Vortragsweise ablehnen.
  Aber ich glaube nicht, daß Sie als Ingenieure weniger fähig
  sein sollten zu schmunzeln als andere Menschen!« Wetten,
  daß einige jetzt ernst (!) mit dem Kopf nicken, während
  andere bereits zu lächeln beginnen?

s. auch
Beziehungs-Ebene, S. 34
Gehirn-gerechtes Arbeiten, S. 45
Publikum, S. 62

Angriffe

Hoffmann[1]	Was machen Sie, wenn man Sie angreift?
Trainer:	Hier müssen wir zwischen einem Angriff in der Sache und einem Angriff auf die Person unterscheiden. Wird die Sache angegriffen, dann wird Ihre Wissensplattform bestimmen, wie flexibel Sie reagieren können. Je mehr Sie über Ihr Thema wissen, desto leichter können Sie auch auf kritische Gedanken eingehen.
Rollo:	Nehmen wir an, ich werde in einer firmeninternen Sitzung von einem Kollegen als Person angegriffen, und zwar höchst unfair, verstehen Sie?
Trainer:	Nun, eine Pauschalantwort gibt es zwar nicht, aber einige Tips:

1. Werfen Sie den Angriff auf seine Person zurück, indem Sie z.B. sagen: »Also daß gerade Sie so unfair argumentieren!« Oder: »Na, ja, wir haben ja vernommen, wer das sagt«, oder ähnlich. Wenn dies nicht sinnvoll erscheint, können Sie

2. die absurde Zustimmung wählen. Das ist ein dialektischer Trick, der unerhört effektiv sein kann. Angenommen, man hat unfairerweise behauptet. Sie seien sehr aggressiv, dann sagen Sie ganz ruhig: »Jawohl – im übrigen fresse ich regelmäßig kleine Kinder.«
   Durch diese absurde Scheinzustimmung entkräften Sie seinen Angriff, ohne sich in irgendeiner Weise zu rechtfertigen.

3. Manchmal nützen die vorangegangenen Tipps nichts, weil Ihr Gesprächspartner absolut nicht bereit ist, einigermaßen rational weiter zu diskutieren. Wenn er nämlich aus dem (aggressiven) »Reptiliengehirn« heraus gegen Sie kämpft, dann kann es sein, daß Sie ein »schärferes Geschütz« benötigen. Aber bitte nur, wenn Sie sich absolut hilflos fühlen

---

1 Dieses Buch enthält einige Texte aus dem Kassettenkurs BIRKENBIHL: *Rhetorik*, s. Literaturverzeichnis ab S. 180.

und keine andere Strategie mehr »fahren« können. Dann sagen Sie einfach: »Das ist Ihr (dein) Problem.« Es ist unglaublich, was dieser dialektische Trick bewirkt. Angenommen, Ihr Angreifer hat behauptet, Sie seien zu fett:

Er:	Du bist überhaupt viel zu fett!
Sie:	Das ist dein Problem!
Er:	Quatsch. Du bist doch zu fett!
Sie:	Das ist dein Problem.
Er:	(hebt die Stimme) Du spinnst wohl komplett?
Sie:	(ruhig) Na, wer regt sich denn auf? Du siehst: Es ist doch dein Problem.

Außerdem könnten Sie einmal darüber nachdenken, wie Sie selbst normalerweise mit Menschen umgehen, die Ihnen widersprechen, sei es im Gespräch oder als Zwischenruf oder Diskussionsbeitrag bei einer Rede. Im Deutschen neigen wir dazu, uns entweder zu einigen oder, wenn das nicht geht, zu entzweien. Nun hängt es vom Grad Ihrer Aggressivität ab, wie schlagfertig – im Sinne von schlagen – Sie dann in der Regel reagieren.

vgl. Schlagfertigkeit, S. 68

Schlagfertige Repliken sind zwar oft amüsant für andere Gruppenmitglieder, verletzen aber den Beteiligten und sollten nicht die Standard-Antwort eines effizienten Redners oder Verhandlungspartners sein. Interessanterweise erhalten gerade die »Schlagfertigen« oft Angriffe.

Ihre innere Einstellung

Ihre innere Einstellung zu Ihrem Publikum bestimmt nämlich die Art von Diskussionsbeiträgen, die Sie erhalten werden. Es bekommen die sturen, die rechthaberischen Redner (oder Verhandlungspartner) oft aggressive Gegenreden, weil sich bei ihnen auch eher der Rechthaber im Publikum aufgerufen fühlt, eine Aussage in Frage zu stellen. Bei einem flexiblen Denker hingegen reagieren die anderen eher kritisch im Sinne von kritisch interessiert! Hier kann es zu faszinierenden Dialogen zwischen Ihnen und Ihrem Publikum oder Gesprächspartnern kommen. Dies sind Dialoge, welche Sie beide genießen können.

Dies ist übrigens keine Theorie. Ich selbst war vor 20 Jahren der aggressive Redner, während ich heute wirklich oft faszinierende Diskussionen nach meinen Vorträgen erleben darf.

s. auch
Gehirn-gerechtes Arbeiten, S. 45
Schlagfertigkeit, S. 68
Vorgefaßte Meinungen der Zuhörer/innen, S. 106
Wissensplattform, S. 107

Argumente

Hauptteil Ihrer REDE oder geplanten AUSSAGEN

Drei oder vier Argumente stellen im Normalfall den Hauptteil Ihrer Rede dar. Auch wenn Sie weit mehr, also vielleicht neun oder zwölf Argumente hätten, sollten Sie maximal vier für den Hauptteil nehmen und die anderen im Hinterkopf bewahren, um sie bei der Diskussion später einzubringen – nach dem Motto, daß man sein Pulver nicht sofort verschießen soll!

Bei dieser Angabe gehe ich von den Bedingungen einer typischen Mini-Rede aus. Sollten Sie hingegen ein langes Referat oder ein Seminar planen, könnten Sie vielleicht 20 Einzelargumente haben, die Sie über den ganzen Tag verteilen.

Falls Sie viele Argumente haben, sollten Sie maximal vier für den Hauptteil nehmen und die anderen im Hinterkopf bewahren.

Für die Regel »Nie **alle** Argumente bringen« gibt es zwei Gründe. **Ein** Grund ist der, daß ein guter Redner zu seinem Thema immer weit mehr wissen muß, als er heute »bringen« kann. Ein weiterer Grund, warum Sie in einer Rede (oder Verhandlungssituation) nicht zwölf Argumente aneinanderhängen sollten, hat mit der **Gedächtnisleistung** Ihrer Zuhörer zu tun.

TESTEN SIE DIES:
Notieren Sie zehn
Vorteile für eine
Sache, und tragen
Sie sie jemandem
vor. Wetten, daß
er/sie sich NICHT
alle merkt, wenn
Sie (wie in einer
normalen Rede
oder Konversation
üblich) die Vor-
teile nur einmal
aufzählen!

Da die meisten Menschen im Gebrauch ihres Gehirns nicht besonders trainiert sind, müssen wir davon ausgehen, daß sie nur drei bis vier Informationen gleichzeitig behalten werden. Bieten Sie zu viele Gedanken hintereinander an, dann sind die Zuhörer zwar möglicherweise von Ihrer Rede enorm beeindruckt, wissen aber hinterher fast nichts mehr.

So versuchen Verkäufer oft, einem Kunden gleich acht Vorteile auf einmal vorzustellen, anstatt durch Fragetechnik herauszufinden, welche drei Vorteile diesen Kunden wirklich überzeugen könnten. Bringen Sie deshalb lieber weniger Gründe oder Hauptpunkte, diese aber anschaulich, also gehirn-gerecht. Dann werden Sie Ihre Informationen tatsächlich im Gedächtnis dieser Menschen plazieren können, auch wenn Ihre Gesprächspartner nur Gehirn-Besitzer und keine effizienten Gehirn-Benutzer sind.

s. auch
Gehirn-gerechtes Arbeiten, S. 45
Tell the people ...?, S. 89
Wissensplattform, S. 107

Atem

Kien:[1]

Ich habe festgestellt, daß mir öfter die Luft auszugehen droht.

Trainer:

Das ist eines der Hauptübel, unter denen viele Redner leiden. Hier wäre es lohnenswert zu üben.
Es gilt die Regel, daß Sie nicht erst Luft holen, wenn nichts mehr da ist, sondern daß Sie kleine Pausen benutzen, um rechtzeitig zu atmen.

Falls Sie ernsthaf-
te Luftprobleme
haben, sollten Sie
ein Atem-
Training in
Betracht ziehen.

1 S. Fußnote auf S. 27.

Außerdem braucht jede Rede Spannungs- bzw. Wirkungspausen. Wer hindert uns daran, eine Pause, die rhetorisch sinnvoll ist, gleichzeitig zum Atmen zu benutzen?

Falls Sie ernsthafte Luftprobleme haben, sollten Sie vielleicht gezielt ein Atem-Training in Betracht ziehen.

Clausen: Ja, genau! Warum eigentlich nicht am Theater herumfragen? Die Schauspieler oder die Schauspielerinnen, die wissen doch, wer so etwas macht.

s. auch
Basisübung Vorlesen in Teil II, S. 119.

Aussprache

Die meisten Menschen haben bei **manchen** Buchstaben-Kombinationen kleinere Schwächen, die beim normalen Reden im Alltag nie erfaßt werden.

Es gibt einen grundlegenden Tip, wie Ihre Aussprache gut verständlich wird.

Konsonanten Achten Sie auf die Konsonanten! **Wenn** harte Buchstaben weich bzw. weiche Konsonanten hart ausgesprochen werden, **dann** stört das die Hörer erheblich, während Vokalverschiebungen eher als regionale Färbung empfunden werden.

Rollo:[1] Mein Sohn ist 14 und neigt zum Nuscheln. Sollte er das Vorlesen üben?

Trainer: Warum nicht? **Wobei es gegen eine besonders unsaubere Aussprache** (insbesondere wenn der Betroffene zu faul ist, seine Gesichtsmuskeln zu benutzen) **eine Übungsvariante** gibt.

---

1 S. Fußnote auf S. 27.

Er soll sich ca. zwei Meter vom Mikrophon weg setzen, wenn er liest. Und nun soll er flüstern, aber so laut, daß das Mikrophon seine Stimme noch aufnimmt. Wenn man so eine Flüsteraufnahme hinterher versteht, dann ist seine Aussprache okay. Denn beim Flüstern muß man besonders deutlich sprechen, damit es verstanden werden kann!

Diese Flüsterübung kann man auch beim Autofahren ab und zu einmal durchführen. Wenn Sie sich trotz Motor und Fahrtwindgeräuschen immer noch gut verstehen können, dann sind Sie auf dem richtigen Weg.

Genaugenommen handeln Sie damit genau so wie der gute alte Demosthenes! Der stand nämlich am Meer und schrie gegen die Brandung an, um seine leise, undeutliche Aussprache zu verbessern. Wenn das Problem die **Lautstärke** ist, dann können solche Übungen sinnvoll sein.

Wenn es jedoch nur um die **Aussprache** geht, dann rate ich zur Flüsterübung.

Diese Flüsterübung ist phänomenal, weil Sie die Muskeln im Gesicht wirklich bewegen müssen. Probieren Sie es einmal vor dem Spiegel aus. Sie werden erstaunt sein. Sprechen Sie zunächst – ganz normal – einen Satz, und dann denselben Satz flüsternd und überdeutlich, dann werden Sie sehen, was passiert. Abgesehen davon spüren Sie es auch!

Übrigens gibt es ein Training, das fast alle Schauspieler oder Profi-Sprecher irgendwann einmal durchlaufen. Besorgen Sie sich im Buchhandel den sogenannten *kleinen Hey* (s. Literaturverzeichnis ab S. 180), der hervorragende Sprechübungen zum Ablesen enthält.

In den HEY'schen Sprechübungen werden systematisch **alle** Buchstaben und Buchstabenkombinationen durchgearbeitet. Nehmen wir beispielsweise die Buchstabengruppe B bis D. Dort finden wir Sätze wie:»Bitte bedecke mich, bitte gib mir die Bettdecke«, usw. Auf diese Weise können sämtliche wichtigen Buchstaben bzw. Kombinationen einzeln durchgetestet werden. Dabei durchläuft man diejenigen Übungen mehrmals, bei denen man Probleme hat.

K·NS·N·NT·N

z.B. "DISKU S ION" statt : "DISKU SSION"

"s" wie "s" in "ROse"   "ss" wie zwei "ß"
KLINGT "falsch"   KLINGT "richtig"

leise, aber deutlich

Natürlich können Sie die Sätze in dem Buch auch flüstern. Denn wenn ein Redner leise, aber sehr deutlich spricht, wird er über ziemlich große Distanzen hin verstanden.

Es folgt noch ein letzter Tip zu Aussprache-Übungen. Dies ist eine echte Profi-Übung. Schneiden Sie von einem Korken eine dünne Scheibe ab, und klemmen Sie diese zwischen die vorderen Zähne. Dann sprechen Sie überdeutlich, und zwar so lange, bis man nicht mehr hören kann, ob Sie gerade mit oder ohne Korken sprechen. Da die Lippen über die Scheibe gezogen werden müssen, z. B. bei: »Bitte bedecke mich«, damit B nicht wie F klingt, lernt man mit dieser Übung eine so übertrieben saubere Aussprache, daß man später, selbst wenn man nervös ist, immer noch ca. 80% davon tatsächlich »bringen« kann. 80% einer dermaßen überdeutlichen Aussprache in Streß-Situationen ist jedoch in der Regel mehr als 100% bei Rednern, die nie trainiert haben ...

übertrieben saubere Aussprache

s. auch
Atem, S. 30
Dialekt, S. 38
Sprechtempo, S. 71

Beziehungs-Ebene

Reden heißt Kommunizieren!

Eine Rede ist immer auch eine Kommunikations-Situation, bei welcher der Redner als »Sender« und das Publikum als »Empfänger« fungiert. Nun verläuft jede Kommunikation im Sinne des Denkmodells nach Gregory BATESON[1], auf zwei Ebenen. Das ist zum einen die sogenannte Inhalts-Ebene (also die Worte selbst), zum anderen die (emotionale) Beziehungsebene.

Erzählt Ihnen jemand etwas, so »laufen« die nackten Daten, Fakten, Informationen (die man z.B. auch in einem Telegramm vermitteln könnte) auf der INHALTS-Ebene.

INHALT

BEZIEHUNG

Durch die Art, wie man diese Worte spricht, sendet man Signale auf der BEZIEHUNGS-Ebene. Der Begriff »Beziehungs-Ebene« betont, daß hier die Beziehung zum Empfänger (bzw. zum Publikum) aufgebaut wird.

1   Dieses Modell wird hervorragend beschrieben bei WATZLAWICK et al.: *Menschliche Kommunikation – Formen, Störungen, Paradoxien.* s. Literaturverzeichnis ab S. 180.

Auf der Beziehungs-Ebene geschieht das Entscheidende

Wesentlich an diesem Denk-Modell ist nicht nur die Tatsache, daß wir auf zwei Ebenen gleichzeitig kommunizieren, sondern **daß im Zweifelsfall die Beziehungs-Ebene die wichtigere ist!** Mit anderen Worten: Solange die Beziehungs-Ebene positiv (= angenehme Gefühle) oder sachlich neutral (= relativ »objektiv«) bleibt, so lange haben unsere Informationen eine gute Chance, auf der »freien« (d.h. nicht blockierten) Inhalts-Ebene durchzukommen.

psychologischer Nebel

Anders sieht es aus, wenn sich die Beziehungs-Ebene negativiert. Denn nun entwickelt sich, was ein anderer Forscher als »psychologischen Nebel« bezeichnet (Leonard FESTINGER[1]). Sie sehen in der folgenden Abbildung, daß dieser psy-

1 FESTINGER, *Conflict, Decision and Dissonance*, s. Literaturverzeichnis ab S. 180.

chologische Nebel die Inhalts-Ebene »vernebelt«, d.h. wenn Ihr Zuhörer unangenehme Gefühle (Angst, Ärger) erleben muß, kann er nicht mehr viel von Ihrer Botschaft aufnehmen.

innere Einstellung

Die innere Einstellung, die wir unserem Publikum (einem Gesprächspartner oder unseren Mitarbeitern, unseren Kunden) gegenüber haben, teilt sich immer **ohne** Worte mit, nämlich durch Körpersprache, Tonfall, Betonung, Pausen usw. Diese Ihre Einstellung **spüren** die Menschen, noch ehe Sie den Mund zum ersten Mal aufgemacht haben.

Nie sofort zu sprechen beginnen

ERST Kontakt aufnehmen

Deshalb soll ein Redner nicht sofort zu sprechen beginnen, sondern erst einen Moment schweigen und sein Publikum (oder sein Gegenüber, z.B. seinen Mitarbeiter oder Kunden) betrachten. Dies ist der Moment, in welchem Sie und Ihr Publikum (oder Ihr Gegenüber) ersten Kontakt auf der Beziehungs-Ebene aufnehmen. Dies ist der Moment, in dem Ihr Publikum (oder Ihr Gegenüber) spürt, wie Sie zu ihm stehen. Ihre Signale sind vor allem körpersprachlich.

Will ein Redner die leidige Affäre möglichst schnell hinter sich bringen? Sein Publikum spürt das!

Denkt ein Berater, er wird dem Deppen schon zeigen, was Sache ist? Sein Kunde spürt das!

Will man seine Hörer aus einer arroganten Grundhaltung heraus belehren? Das Publikum spürt das!

Wollen Sie Ihren Hörern echt etwas bieten (Unterhaltung oder Information, Lebenshilfe, was auch immer) – Ihr Publikum spürt das!

Wenn Sie selbstkritisch sind, dann wissen Sie bereits, ob andere Menschen Ihnen gern zuhören (auch in Gesprächen zu Hause!) oder ob man eher »abschaltet«, wenn Sie sich äußern. Müssen Sie »immer wieder« feststellen, daß »kein Mensch« Ihnen zuhört? Müssen Sie dieselben Botschaften »immer wieder« senden? Werden Sie »regelmäßig« unterbrochen? Oder ist eher das Gegenteil der Fall? Freut man sich, wenn Sie etwas zur Diskussion beisteuern wollen?

Zeigt man Ihnen (sprachlich oder körpersprachlich), daß Sie jederzeit das Wort ergreifen »dürfen« ...?

Selbst-Inventur Wenn Sie diese Fragen beantwortet haben, wissen Sie, welche Art von »Beziehung« Sie in der Regel »aufbauen«. Stimmt diese »Ebene«, dann haben Ihre Hörer den Kopf »frei« für Ihre Botschaft(en).

s. auch
Publikum, S. 62

Dialekt

Aussprache

Je klarer die Aussprache, desto weniger müssen Ihre Hörer sich anstrengen. Allerdings muß sich die Klarheit der Aussprache nach Ihrem Publikum richten. Angenommen, Sie sprechen mit oder zu einer Gruppe von Menschen, die Mundart gewohnt sind, dann wäre eine glasklare Aussprache des Hochdeutschen eben nicht so klar für diese Zielgruppe. Erwarten Ihre Hörer aber eher die Hochsprache, dann sollten wir über mundartliche Färbungen nachdenken.

Hochdeutsch

So war einmal ein Teilnehmer beim Abhören einer Übungs-Kassette entsetzt, als er feststellte, daß er überhaupt keine Unterscheidung zwischen »b« und »p« machte. In seinem Text klang »Packen wir's an« wie »Backen wir's an«, was ihn selbst völlig überraschte. Er war Österreicher und hatte nach jahrelangem Aufenthalt in Deutschland sein »Österreichisch« schon weitgehend in »Hochdeutsch« verwandelt, aber vor dieser Übung hatte er nie gemerkt, wie schwach seine »harten Konsonanten« noch klangen (vgl. auch *Aussprache*, S. 31).

Bitte fragen Sie sich, was für Sie wichtig ist! Es ist absolut nichts gegen regionale Färbungen einzuwenden – wenn Sie selbst sie nicht »loswerden« **wollen**. Dieser Teilnehmer wollte jedoch! Er arbeitete im hohen Norden Deutschlands als firmeninterner Trainer; seine Teilnehmer waren überwiegend »sehr norddeutsch« (wie er es nannte), und da er von diesen Menschen gut verstanden werden wollte, wollte er die Eigenart einer Region 700 km weiter im Süden »loswerden«.

Hochsprache
Dialekt

Bedenken Sie auch, daß jede Hochsprache irgendwann einmal ein Dialekt war, der sich im Gegensatz zu anderen Dialekten durchsetzen konnte. So ist z.B. die arabische Hochsprache von heute der Dialekt, den der Prophet Mohammed sprach. Und das Italienische war ursprünglich ein sogenannter Vulgär-Dialekt des Lateinischen.

Also ist ein Dialekt nicht weniger wert als eine Hochsprache. Auf der anderen Seite ermöglicht die Hochsprache ja, daß Menschen unterschiedlicher Mundarten oder regionaler Sprachvarianten einander verstehen können. So wird die arabische Hochsprache in Rundfunk, Fernsehen und in den Zeitungen im gesamten arabischen Sprachraum von mehr als 650 Millionen Menschen verstanden, während ein Tunesier am Golf ähnliche Probleme hat wie ein Holländer in Deutschland.

Daher sollten Redner (Verkäufer oder Lehrer) darauf achten, daß sie die Hochsprache einigermaßen akkurat sprechen können, selbst wenn eine regionale Färbung bleibt.

s. auch
Aussprache, S. 31

Dialektik[1]

Wir neigen oft dazu, »mit der Tür ins Haus« zu fallen. Wie reagieren Sie, wenn Sie sich überrumpelt fühlen? Mit Abwehr?

Überzeugen

Um überzeugend reden oder argumentieren zu können, bedarf es sprachlicher **Technik**, auch **Dialektik** genannt. Ursprünglich bedeutete das Wort *diálogos* (griechisch) die »Unterredung«; heute denken wir dabei eher an »Tricks«, andere zu überzeugen. Wir setzen dabei stets stillschweigend die Ablehnung unseres Standpunktes voraus.

1   vgl. FLEMMING: *Persönliche Höchstleistung macht Freude*, s. Literaturverzeichnis, ab S.180.

1. Fragen Sie sich: Muß ich immer sofort »Kontra« geben?

Wenn jemand eine Meinung äußert, die uns nicht gefällt, ist unsere erste spontane Reaktion leider allzuoft Ablehnung. (»Das sehen Sie zu eng!«) Dabei handelt es sich häufig um Aspekte, zu denen jeder ruhig eine andere Meinung haben kann. Wenn Sie öfter mal nachgeben, haben Sie, wenn es Ihnen wirklich wichtig ist, eine weit bessere Chance zu überzeugen als jemand, der seinen Kopf immer durchsetzen will.

2. Unterscheiden Sie zwischen Fakten und Personen

OK-Signale

Drücken Sie, noch ehe Sie die Meinung des anderen anzweifeln, Respekt für ihn als Person aus. Sagen Sie beispielsweise: »Sie wissen, daß ich Sie persönlich sehr schätze, aber in dieser Sache kann ich Ihnen leider nicht zustimmen, weil ...«

3. Präsentieren Sie Beispiele

Beispiele regen die Vorstellung an.

Beispiele regen die Vorstellung an; nun »sieht« der andere im wahrsten Sinne, was Sie meinen. Das ist an-schau-lich und überzeugt. Warnung: Ihr Beispiel soll Ihre Aussage ver-deut-lichen (das ist, wie wenn Sie mit dem Finger auf etwas Vorhandenes deuten würden); aber denken Sie auch daran: Ein isoliertes Beispiel ist kein Beweis. (Es kann sogar die berühmte Ausnahme sein.)

4. Fragen statt Sagen

Wer fragt, führt.

Wenn uns jemand eine stimulierende Frage stellt, die unser Denken in neue Bahnen führt, sind wir selbst die Entdecker und für diese Gedanken daher weit aufgeschlossener als bei apodiktischen Aussagen. Wer fragt, führt. Somit haben Sie die Situation im Griff – inhaltlich wie strategisch.

5. Betonen Sie Gemeinsamkeiten

bei Meinungsverschiedenheiten

Gerade bei Meinungsverschiedenheiten besteht Gefahr, daß jeder sich auf seinen Standpunkt versteift. Fragen Sie sich, ob es Gemeinsamkeiten gibt; wenn ja, bringen Sie diese bewußt ins Gespräch! Beispiele:

* »Sind wir uns einig, daß ...?« Oder:
* »Da wir beide den neuen Partner noch nicht persönlich kennen, könnten wir vielleicht in Erwägung ziehen ...?«

* »Wir wollen doch beide, daß ... und gerade deshalb schlage ich vor ...«

Solche Signale helfen dem anderen, das Gesicht zu wahren, weil er nun wegen des höheren Ziels der Gemeinsamkeit leichter nachgeben kann.

6. Klären Sie die Begriffe

Man kann bildsauber aneinander vorbeireden, wenn jeder unter demselben Wort etwas anderes versteht.

Beispiel:

In seinem faszinierenden Buch *Wie wirklich ist die Wirklichkeit?* beschreibt Paul WATZLAWICK ein amerikanisches Ehepaar, das jahrelang wüste Auseinandersetzungen

Flitterwochen

über einen Vorfall in den Flitterwochen erlebte, weil die beiden den Begriff nie geklärt hatten. Für ihn bedeutete »Flitterwochen«: »Nur wir zwei unter völligem Ausschluß der Welt.« Für sie hingegen waren »Flitterwochen« die »erste Zeit als verheiratete Frau«, in der sie Gelegenheit hatte, ihre neue soziale Rolle zu lernen (beispielsweise, indem sie in der Hotelbar mit einer anderen Ehefrau am Nachbartisch sprach, woraufhin er total sauer wurde).

Eben weil man sich so schön »mist«-verstehen kann, meinte VOLTAIRE ja auch: »Wenn du mit mir reden willst, definiere deine Termini.«

7. Zitieren Sie Fachleute

Fachwissen

Wenn Sie fundierte Fachkenntnisse haben: Behaupten Sie nicht einfach, was Sie wissen, sondern zitieren Sie Autoritäten, und zwar solche, die Ihr Gegner anerkennt. Damit er Ihre Information nicht als Belehrung empfindet, erwähnen Sie »mildernde Umstände« wie etwa: »Die Studie ist gerade erst erschienen.« Oder: »Ich weiß, bis vor kurzem entsprach die offizielle Schulmeinung Ihrem Standpunkt« u.ä.

s. auch
Aktivierung des Publikums, S. 23
Beziehungs-Ebene, S. 34
Publikum, S. 62
ZWEI-nigung, S. 116

Erwartungshaltung der Hörer/innen

Haben Sie das Wort »Enttäuschung« (vgl. S. 156 in Teil III, *Gliederung einer Rede*) schon einmal beim Wort genommen? Es bedeutet, daß eine Täuschung endet! Nun beruhen Ent-Täu-

Ent-Täuschung
Erwartungen

schungen immer auf Erwartungen, die man hatte. Deshalb muß eine professionelle Vorbereitung diese berücksichtigen.

In Ihren Zuhörern können zwei Arten von Erwartungshaltungen entstehen, welche von Ihnen »enttäuscht« werden **könnten**, nämlich **bewußte** und **unbewußte**. Bewußte Erwartungen sind in Vorgesprächen mit dem Veranstalter zu klären (bzw. ergeben sich aus Ihrem Vorwissen, z.B. bei einem Meeting in der Firma).

unbewußte
Erwartungen

Wichtiger sind die unbewußten Erwartungen! Um meinen Seminarteilnehmern dies klarzumachen, spreche ich manchmal – mitten im Vortrag – in einer anderen Sprache weiter (ca. 90 Sekunden lang). Zunächst glauben die Hörer/innen an »akustische« Probleme, dann dämmert es ihnen, daß es sich um eine andere Sprache handelt, welche sie nun entweder verstehen oder nicht. Diejenigen, die verstehen, beginnen jetzt zu grinsen und wieder mitzudenken (denn ich fahre inhaltlich da fort, wo ich »umgestellt« hatte), die anderen zeigen jetzt in wachsendem Maße Signale der Verwirrung, der Frustration,

»falsche« Sprache

anfängliche Enttäuschung. An diesem Punkt spreche ich wieder in der Sprache weiter, in der ich heute referiere, und sage:

Dies, meine Damen und Herren, war ein Beispiel für eine **unbewußte Erwartungshaltung**, die Sie hatten. Natürlich standen Sie vorhin in der Kaffeepause **nicht** im Foyer und haben gesagt:»Hoffentlich wird die Birkenbihl heute englisch (bzw. die Sprache des heutigen Tages) sprechen!« Natürlich nicht. Sie erwarteten dies, vollautomatisch und unbewußt.

Es ist unwahrscheinlich, daß Sie die sprachliche Erwartungshaltung Ihrer Zuhörer enttäuschen (außer, wenn Sie z.B. zu schnell sprechen und man Ihnen nicht folgen kann).

Aber folgende **unbewußte** Erwartungen sollten Sie immer berücksichtigen:

* Man soll mein Selbstwertgefühl (SWG, s. S. 70) nicht angreifen.
* Man soll mich nicht langweilen.
* Man soll mich aktiv einbeziehen, ich will mitdenken, nicht passiv »berieselt« werden.
* Man soll meine Fragen und/oder Einwände ernst nehmen, wenn ich welche äußern will.

So hört man Ihnen GERNE zu.

Wenn Sie **diese vier unbewußten Erwartungen** befriedigen, wird man Sie als Mensch respektieren (mögen!) und sich demzufolge auch bereitwillig mit Ihren Botschaften auseinandersetzen.

s. auch
Beziehungs-Ebene, S. 34
Publikum, S. 62
Selbstwertgefühl (SWG), S. 70

Gehirn-gerechtes Arbeiten

Normalerweise werden viele Informationen in einer Art und Weise angeboten, daß der Hörer/Leser Probleme haben **muß**; nicht etwa, weil er zu dumm wäre, sondern weil man gegen die Arbeitsweise seines Gehirns vorgeht. Denn die meisten Menschen sind zwar Gehirn-Besitzer, nicht aber Gehirn-Benutzer![1]

Gehirn-Besitzer oder Gehirn-Benutzer?

Diese unnötigen »Probleme« gelten einerseits für Unterricht (Schule, Ausbildung, inkl. Erwachsenen-Bildung!), andererseits für unzählige Situationen im Alltag. Ob ein Chef informieren oder delegieren möchte oder ob ein Verkäufer den Kunden in ein beratungs-bedürftiges Produkt einweist o.ä.

---

1   vgl. BIRKENBIHL: *Stroh im Kopf? – Gebrauchsanleitung fürs Gehirn*, s. Literaturverzeichnis ab S. 180.

– immer ist die Art der Informationsvermittlung ausschlagge-
bend, wie »leicht« oder »schwer« es dem Empfänger fällt, die
Information zu verstehen oder gar sich zu merken.

Stark vereinfacht können wir uns vorstellen, daß es zwei verschiedene »Abteilungen« in unserem Großhirn gibt und daß
jede anders spezialisiert ist.

Stark vereinfacht:
zwei »Abteilun-
gen« im Großhirn.

Stellen Sie sich lauter hochkarätige Spezialisten vor, die uns
als »Mitarbeiter« dienen. Nun leuchtet es sicher ein, daß der
Künstler in uns weniger mit Rechen-Aufgaben anfangen kann,
während unser Super-Buchhalter keine Lust hat, mit Farben,
Formen oder Tönen zu »experimentieren«. Sicher leuchtet es
ebenfalls ein, daß ein »Mitarbeiter«, der sich laufend »über-
gangen« fühlt, bald mangels Training ein wenig »einrosten«
wird. Nun haben uns Schule und Ausbildung besonders darauf
»gepolt«, die linke (rationale, analytische, verbale) Hirnhälfte
bevorzugt einzusetzen, während es für die rechte (kreative,
musikalische, künstlerische (innovative) Hirnhälfte immer weniger Aufgaben zu lösen gab. Daraus resultieren viele Probleme, vom angeblich so schlechten Gedächtnis (z.B. für Namen!) bis hin zu schwerwiegenden Mängeln im analytischen
und kreativen Denken (Entscheiden, Probleme lösen)!

Nehmen wir einmal an. Sie gehen in Ihre Bank und beobachten, wie der Spezialist dort seine Rechen-Operationen
umständlich auf Papier ausführt, wiewohl Sie seinen elektro-
nischen Rechner dort liegen sehen. Das wäre etwas eigenartig,
oder? Nun, so ähnlich geht es uns in bezug auf unser Gehirn
(besser: unsere Gehirne) auch! Nachdem phänomenale Ergeb-
nisse aus der Gehirn-Forschung uns den »Elektronen-Rechner
im Kopf« gezeigt haben, wäre es doch absurd, weiter auf
Papier zu rechnen, oder? Wenn wir unsere unglaublichen
Fähigkeiten optimal zu nutzen beginnen, dann nenne ich dies
gehirn-gerecht!

neue Infor-
mationen?

Werden Sie nervös, wenn Sie in einem Meeting über neue
Informationen sprechen sollen? »Erfaßt« Sie dann das Lam-

Lampenfieber

penfieber? Warum? Weil Sie NEUE Gedanken vortragen sollen?

Lampenfieber haben Sie im allgemeinen darum, weil Sie NEUE Gedanken vortragen sollen.

Worin unterscheiden sich NEUE Gedanken von alten? Antwort: Sie haben sie noch nicht (oft) ausgesprochen. Daraus ergibt sich ein Phänomen, dessen Auslöser in der Arbeitsweise unseres Gehirns liegt. Neuere Forschungsergebnisse[1] lassen sich etwas vereinfacht wie folgt ausdrücken:

Bauen Sie Ihren
NEUEN
GEDANKEN
auch neue
Straßen!

Trampelpfad

Datenautobahn
im Gehirn
Vorbereitung

Stellen Sie sich vor, jeder NEUE Gedanke bahne sich quasi einen »Trampelpfad« durch das Dickicht Ihrer Nervenzellen. Wird dieser Gedanke öfter gedacht (und vor allem AUSGE-SPROCHEN, was mehr Nerven-Areale aktiviert), dann wird der »Trampelpfad« ein »ausgetretener Weg«.

Wird dieser weiterhin REGELMÄSSIG benutzt, dann »baut« das Gehirn eine richtige »Straße«. In der Sprache der Forscher haben wir jetzt eine neue »bevorzugte Nervenbahn« geschaffen. Ab jetzt fällt es uns immer leichter, diese(n) Gedanken zu formulieren, bald haben wir (hierzu) eine regelrechte »Datenautobahn im Gehirn«. Ab jetzt »flutschen« diese Sätze (Aussagen) regelrecht! Jetzt sagen wir, es »fällt uns leicht« bzw. die Formulierungen »fallen uns zu«, oder »die Gedanken fließen« und ähnlich.

Ist dieser Punkt einmal erreicht, dann können wir uns (zu diesem Thema) leicht und »flüssig« äußern. Unsere ALLGEMEINE Vorbereitung ist ausgezeichnet. Ab jetzt können wir uns fragen, wie wir diese Ideen dem speziellen »Publikum« nahebringen. Wie erkläre ich denselben Sachverhalt einem Kunden, einer Kollegin, meinem Chef oder einer Gruppe von Azubis? (zur *speziellen Vorbereitung*, s. S. 105)

Halten wir fest: Je mangelhafter die **allgemeine** Vorbereitung zwangsläufig ist, wenn man NEUE Gedanken äußern soll,

---

1 PEARCE: *Der nächste Schritt der Menschheit*, s. Literaturverzeichnis ab S. 180.

wiewohl es derzeit nur einen ersten »Trampelpfad« gibt, desto mehr sperrt sich Ihr Unterbewußtsein. Desto nervöser werden Sie (wie damals in der Schule, als die geforderten Antworten auch nur erste Mini-Pfade darstellten).

Also müßten wir unser Training so anlegen, daß wir unsere Ideen mehrmals formulieren – und zwar SPRECHEND –, damit die »Datenautobahn im Hirn« angelegt werden kann.

Profi-Techniken

Die Profis wissen das schon lange. Aber was spricht denn dagegen, daß Sie sich diese Profi-Techniken zunutze machen, insbesondere da die moderne Gehirnforschung erklärt, **warum** die Profis mit ihrem Vorgehen so erfolgreich sind?

s. auch
Lampenfieber, S. 55
»Steine im Fluß«, S. 78
Training, S. 95
Vorbereitung, allgemeine, S. 102

Gewohnheiten, dumme

Wollen Sie überprüfen, ob Sie eine »dumme« Angewohnheit haben? Es gibt nämlich einen faszinierenden Tip, wie man erfolgreich gegen solche Angewohnheiten ankämpfen kann.

Ein Trainerkollege in der Schweiz, Professor Eddie MEIER in St. Gallen, verrät seinen Teilnehmern eine Methode, die ich hervorragend finde.

»Marotten«

Vor Beginn der Präsentation führen Sie Ihre »Marotte« zehnmal hintereinander kurz aus. Angenommen, Sie neigen dazu, Ihre Krawatte von unten her aufzurollen, dann machen Sie dies vor der Rede bzw. vor der Konferenz. Auf diese Weise ist der Impuls vorläufig stillgelegt, und Sie überstehen diese Situation mühelos.

Gliederung

Der ausführliche dritte Teil des Buches (*Gliederung einer Rede*) bietet Ihnen sechs Möglichkeiten, Ihre Rede zu strukturieren (vgl. S. 135–168).

Überblick:

1. Standard 1. Das Standard-Schema (S. 136–142):
Einleitung
Hauptteil und
Schluß.

2. AIDA 2. Bei AIDA (S. 143–146), einem amerikanischen Schema (nach Lewis), sollen die Zuhörer zum Handeln motiviert werden; man spricht deshalb auch von einer Motivationsrede:
A = *attention* = Aufmerksamkeit
I = *interest* = Interesse
D = *desire* = dringender Wunsch
A = *action* = Aktion, Handlung

3. AITA 3. Eine Fortentwicklung ist das Birkenbihl-Schema AITA (S. 146–149), das sich für Informationsreden eignet:
A = Aufmerksamkeit
I = Interesse
T = Theorie
A = Aha-Erlebnis

Analograffiti©
4a. KaGa© 4a. Durch das Analograffiti[1]-Schema KaGa© (S. 150–153) finden Sie **zeichnend** völlig neue Gedanken für den Aufbau Ihrer Rede und gewinnen häufig Illustrationen, die Sie im Vortrag einsetzen können.

4b. KaWa© 4b. Mehr Details bietet das Analograffiti©-Schema KaWa© (S. 153–159), bei dem Sie das Thema Ihrer Rede als Schlüs-

---

1 Analograffiti© ist ein DENK-Instrumentarium, das Sie auch zur Vorbereitung einer Rede anwenden können.

selwort betrachten und es in seine Wort-Bestandteile oder in seine Buchstaben zerlegen. Die originellen Assoziationen, die dabei entstehen, bilden das Gerüst Ihrer Rede.

5. Schnellschuß

5. Wenn Sie unvorbereitet einen rhetorischen Schnellschuß abgeben müssen, kann Ihnen das Schema auf S. 162–164 gute Dienste leisten. Sie nähern sich Ihrem Thema mit drei Fragen:
Vergangenheit: Was war?
Gegenwart: Was ist?
Zukunft: Was soll werden?

6. Lobrede (Laudatio)

6. Eine Sonderaufgabe ist die Lobrede auf einen Menschen, die sogenannte Laudatio (S. 165–168). Das hier vorgestellte Schema nach Michael BIRKENBIHL orientiert sich an den Aufgaben, die laut Alfred ADLER jeder Mensch im Leben zu erfüllen hat.

Gruppentraining

Rhetorik-Training vor einer Gruppe ist immens wichtig. Je mehr Sie vorher allein gearbeitet haben, desto mehr profitieren Sie später von einer Gruppenübung. Übrigens können sich ein paar Interessierte zusammenschließen. Schließlich sind Gruppenmitglieder ja nicht nur Zuhörer, sondern erfahrungsgemäß hervorragende Kritiker.

Je mehr Sie vorher allein gearbeitet haben, desto mehr profitieren Sie später von einer Gruppenübung.

Genauso wie Schriftsteller in Schriftstellerverbänden sich gegenseitig kritisieren oder aufbauen, können einige Freunde oder Kollegen sich als Redner gegenseitig helfen. So können Sie auch ohne Trainer/in sehr viel erreichen!

s. auch
Training, S. 95
Video, S. 100

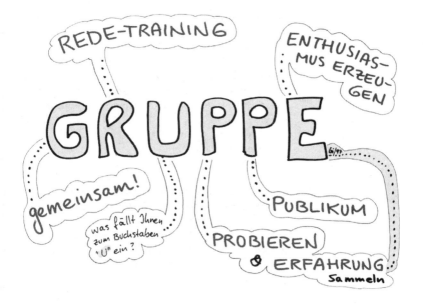

Information

das 20-%-Gesetz

Auf S. 52 finden Sie eine Darstellung des 20-%-Gesetzes. Normalerweise kommt weit weniger Information im Kopf Ihrer Hörer an, als Sie zu glauben geneigt sind. Gerade deshalb ist es wichtig, daß Sie der Vorbereitung besondere Aufmerksamkeit schenken, wenn Sie Ihr Publikum respektieren. Deshalb finden Sie hierzu einige Übungen in Teil II, *Trainingsaufgaben*, auf S. 132.

Laut einer amerikanischen Statistik kommen im Durchschnitt nur 20 % der Informationen an. Angenommen, Hans hat eine Idee, die er jemandem verkünden will. Selbst wenn er gut verbalisieren kann, wird er höchstens 80 % seiner Idee in Worte fassen, wie die folgende Abbildung zeigt:

Nun hört Peter die Worte von Hans. Er wird jedoch nur Teile der Botschaft tatsächlich hören, da erstens kaum jemand wirklich aufmerksam zuhören kann und zweitens jeder Hörer automatisch erste eigene Assoziationen entwickelt, was ihn jedoch ablenkt. Verbleiben also jetzt ca. 60 % der **ursprünglichen Idee**. Diese Rest-Botschaft muß Hans im Lichte all seiner gemachten Erfahrungen »interpretieren«, so daß wieder ein Teil der ursprünglichen Idee »verlorengeht«; bleiben also ca. 40 % dessen, was Hans eingangs dachte. Und wenn Peter nun mit Maria darüber spricht, dann wird er weitere Prozente der Idee verlieren, wenn er verbalisiert, was er für die Botschaft hält!

Von der ursprünglichen Idee (Hans) bleiben, bis Peter sie weitererzählt, im Schnitt nur noch 20 %, wiewohl Peter NEUE Elemente hinzufügen mag ...

Bitte überlegen Sie: Je mehr »Neues« Sie Ihren Hörern »verkünden«, desto weniger werden Ihre Hörer »mitkriegen« – nicht weil die Menschen dumm wären, sondern weil wir eben keine Roboter sind. Die Schwierigkeiten treten sogar bei guter Kommunikation auf. Das sollte man bedenken, wenn man glaubt, man müsse möglichst viel Information in einen möglichst kurzen Zeitraum »packen«!

Kritik

Wie öffnet man das Publikum für Kritik (z.B. um Verbesserungsvorschläge anzubieten)?

rhetorische
Doppelfrage

Ganz besonders wirkungsvoll ist die Kombination einer rhetorischen Doppelfrage, wobei Ihre **erste** Frage **die zweite »vorbereitet«** (was jedoch niemand weiß, wenn Sie die erste stellen!). Diese Technik ist für normale Gespräche genauso gut geeignet wie für eine Konferenz oder für die »große« Rede vor »großem« Publikum.

Nehmen wir an, Sie wollen einer Gruppe von (Zahn-)Ärzten auf die Finger klopfen, weil diese ihre Patienten unnötig lange warten lassen. Sie möchten z.B. vorschlagen, wie in den USA Nummern zu verteilen und denjenigen Patient/innen, bei denen es garantiert zu mehr als 40 Minuten Wartezeit kommen wird, **freizustellen**, noch einmal wegzugehen (z.B. im Nachbar-Café zu sitzen). Nun wissen Sie aber aus bitterer Erfahrung, daß das »Patientengut« das ist, womit der normale (Zahn-)Arzt zwar seinen Lebensunterhalt verdient, aber die wenigsten (Zahn-)Ärzte sehen diesen Patienten als Mitmenschen oder sich selbst gar als »Dienstleister«.

Wie können Sie derartige Gedanken »rüberbringen«, ohne die
Leute anzugreifen? Hier bietet sich die folgende Technik an:

Technik **Die rhetorische Doppelfragen-Kombination**

Frage Nr. 1 Frage Nr. 1 könnte z.B. lauten:
* Wie gern warten Sie auf etwas oder jemanden?
* Wie fühlen Sie sich, wenn jemand Sie unnötig warten läßt?
* Was empfinden Sie gegenüber Menschen, die Sie unnötig
  warten lassen, insbesondere, wenn Sie einen festen Termin
  hatten?
* Wie finden Sie es, wenn andere Menschen Ihre wertvolle
  Zeit stehlen, indem sie Sie unnötig warten lassen?
* Haben Sie eine intelligente Strategie für unnötige Warte-
  zeiten entwickelt, so daß Sie diese sinnvoll nutzen können,

auch wenn Sie ständig mit einer Durchsage (z.b. am Flughafen) rechnen müssen?

Frage Nr. 2 · Sie bereiten das Publikum für die zweite Frage vor, die z.b. lauten könnte:

* Haben Sie sich jemals gefragt, wie sich **Ihre Patienten** fühlen, wenn sie – trotz klarer Terminabsprache – stundenlang warten müssen?

* Sicher sind Sie auch manchmal als Patient bei einem Kollegen, als Kollege müssen Sie jedoch wahrscheinlich nicht lange warten. Aber angenommen, Sie würden **wie jeder normale Patient** behandelt, gefiele Ihnen die lange Wartezeit?

* Würden Sie die lange Warterei Ihrer Patienten abstellen wollen, wenn Sie könnten?

oder ähnlich.

Fragen öffnen den Geist Ihrer Hörer/innen · Sie sehen: Wenn sich Ihre Zuhörer/innen erst einmal mit den »Opfern« ihres Verhaltens identifiziert haben, ist es weit leichter, ihnen (mit einigen weiteren **hinführenden** Fragen) vorsichtig klarzumachen, was ihr Verhalten **für die Betroffenen** bedeutet.

Jetzt, nachdem die Problemstellung klar im Raum steht, sind Ihre Hörer auch an Lösungsvorschlägen interessiert ...

Lampenfieber

Ich stelle immer wieder fest, daß jemand, der wirklich weiß, wovon er redet, zwar eingangs nervös sein mag, aber bald sicher wird.

Schauspieler · Sie wissen vielleicht, daß gerade die besten Schauspieler uns immer wieder bestätigen, auch in der hundertsten Vorstellung noch unter Lampenfieber zu leiden – kurz vor der Vorstellung.

Aber nach den ersten Minuten verschwindet diese Art der Nervosität und weicht einer professionellen Leistung, die natürlich nur erbringen kann, wer gut vorbereitet war.

Wir können zwar nicht behaupten, daß ein Redner, der etwas weiß, nie nervös sein wird. Aber wir können sehr wohl den Umkehrschluß ziehen. Je weniger ein Redner weiß, desto nervöser wird er zwangsläufig sein. Und zwar in besonderem Maß, je mehr ihm bewußt wird, daß er nichts weiß.

Wissensplattform

Im Optimalfall sprechen Sie nur zu Themen, zu denen Sie bereits eine **Wissensplattform** erarbeitet haben. Entweder sind Sie mit dem Thema bereits sowieso vertraut, im Sinne der **allgemeinen Vorbereitung**, oder Sie planen Ihren Vortrag bzw. Ihre geplanten Aussagen sorgfältig, im Sinne der **speziellen Vorbereitung**.

Anfang der Rede

Ihre Anfangs-Nervosität können Sie am besten bewältigen, wenn Sie insbesondere dem **Anfang** Ihrer Rede viel Beachtung geschenkt haben. Ich habe für schwierige Referate manchmal einen ganzen Nachmittag in die Entwicklung eines guten Einstiegs investiert. Denn: Ob Sie Ihr Publikum gewinnen werden, das entscheidet sich innerhalb der ersten ein bis zwei Minuten.

Vorher testen!

Besonders schwierige Referate sind zunächst einmal »Pilot-Programme«. Das heißt, jeder Vortrag oder Seminarabschnitt, den ich zum ersten Mal durchführe, ist quasi ein Experiment. Je wichtiger die wirkliche Zielgruppe, desto sinnvoller ist ein Pilot (Test) mit einer »Pilotgruppe« vorher. So entwickle ich z.B. neue Seminarinhalte mit der Volkshochschule, ehe ich diese auf dem »freien Markt« anbiete. Auch eine Gruppe von Freunden kann eine gute Pilotgruppe darstellen (vgl. auch *Gruppentraining*, S. 50).

Ich möchte zu den beiden Aspekten der Vorbereitung noch sagen: Zahlreiche Menschen lassen sich darauf ein, zu einer Sache zu sprechen, für die sie zu wenig qualifiziert sind, weil

natürliche
Nervosität

begründete Angst

sie hierzu noch zu wenig spezielle Vorbereitungsarbeit geleistet haben. Dies ergibt dann keine natürliche Nervosität, welche sogar sehr hilfreich sein kann, weil sie Spannung erzeugt, sondern dies führt zu einer Art von Lampenfieber, die ich als begründete Angst bezeichne. Das ist ähnlich wie Prüfungsangst – sie ist um so gefährlicher, je weniger der Betroffene vorher gelernt hat –, im Gegensatz zu einer gewissen Nervosität, welche uns hellwach macht.

Lampenfieber hat sein Gutes!

Ein **wenig** Nervosität ist hervorragend. Sie erzeugt nämlich **Spannung**. Somit kann auch die Rede **spannend** werden. Jemand, der absolut keine Nervosität verspürt, wird sein Publikum weder packen noch überzeugen können! Wie erklärt sich das?

Ob Sie Ihr Publikum gewinnen werden, das entscheidet sich innerhalb der ersten ein bis zwei Minuten.

Überlegen Sie bitte mit: Ich bleibe nur dann völlig kalt, wenn mir die Reaktion meiner Hörer vollkommen egal ist. Dann bin ich natürlich auch nicht nervös. Dies aber bedeutet eine Mißachtung meines Publikums, und dies wiederum bedeutet, daß wir auf der **Beziehungs-Ebene** keine positive Beziehung etablieren können. Also ist ein **wenig** Nervosität der **Beweis**, daß Sie Ihre Hörer wirklich informieren, begeistern oder motivieren wollen.

Kien:[1]

Moment, Moment, Sie sagten eben: Je wichtiger ich mein Publikum nehme, desto wahrscheinlicher ist Lampenfieber?

Trainer:

Zu Anfang, ja!

Kien:

Gut, aber ich glaube, es gibt auch die umgekehrte Aussage!

---

1   s. Fußnote auf S. 27.

Hoffmann:	Genau, wenn Sie die Leute nicht ernst nehmen, gibt es doch gar keinen Grund für Sie, nervös zu sein!

Kien:

Richtig! Ich meine eine andere Umkehrung. Ist es denn nicht so, daß der Redner sein Publikum schon, sich selbst aber **nicht** übermäßig ernst nehmen sollte? Ich meine: Je krampfhafter jemand versucht, einen guten Eindruck zu machen, desto mehr ist seine Energie nach **innen** gerichtet, weil er sich selbst laufend beobachtet. Also erreicht er die Leute auch wieder nicht. Ergibt das einen Sinn?

Trainer:

Sogar einen hervorragenden! Und auch dieser Aspekt spricht für eine solide Vorbereitung und die Notwendigkeit des Trainierens. Damit wir während der Rede selbst nicht mehr auf **uns** achten müssen, sondern uns voll auf die Hörer konzentrieren können. Übrigens fällt mir in diesem Zusammenhang ein Ratschlag ein, den Carl Gustav JUNG seinen Jungtherapeuten gab. Er sagte nämlich: »Lerne alles, was du kannst, über die Theorie; aber wenn du dem Patienten gegenübersitzt, vergiß das Textbuch!«

Kien:

Dieser Satz läßt sich genau auf unsere Situation übertragen! »Lerne alles, was du kannst, über die Rhetorik, aber wenn du vor deinen Hörern sitzt (oder stehst), vergiß jede Technik!«

Trainer:

Genau! Dann überzeugen **Sie** als Person jene Menschen als Personen!

s. auch
Beziehungs-Ebene, S. 34
Gehirn-gerechtes Arbeiten, S. 45
Publikum, S. 62
»Steine im Fluß«, S. 78
Vorbereitung, allgemeine, S. 102
Vorbereitung, spezielle, S. 105
Wissensplattform, S. 107

Mental-Training

Sicherheit   Es gilt die Regel, daß Sie eine Aussage um so souveräner und
sicherer bringen werden, je öfter Sie diese Aussage in der Vergangenheit bereits gemacht haben.
Hier gibt es drei Möglichkeiten:

1. Sie haben diese Aussage im täglichen Leben (also live)
   bereits mehrmals **tatsächlich** ausgesprochen.
2. Sie haben die Aussage im Verlaufe Ihres Trainings bereits
   mehrmals ausgesprochen, und
3. Sie haben diese Aussage im Zuge Ihres Mental-Trainings
   bereits mehrmals **aktiv durchgedacht**.

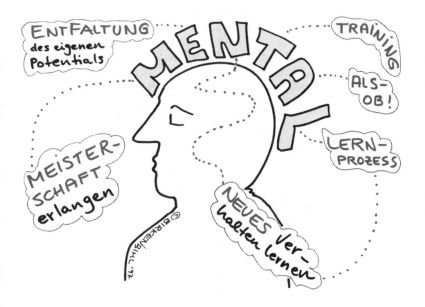

Vergleich zwischen Nachdenken und mentalem Handeln

Der Unterschied zwischen einem **Nachdenken** über ein Sprichwort oder Thema und einem **mentalen Vortrag** besteht darin, daß Sie sich beim Mental-Training die Aktion mit allen Details vorstellen. Sie »denken« den Text Ihrer Rede (oder Ihres Beitrags), d.h. Sie »sprechen« ihn mit allen notwendigen Kehlkopf- und Zungenbewegungen, aber ohne einen Ton von sich zu geben. Dabei überlegen Sie, welche Wörter Sie hervorheben wollen. Für Ihr Unterbewußtsein »sprechen« Sie, daher geht der »Ausbau« der »Datenautobahn im Hirn« (vgl. S. 47) auch bei dieser intensiven Art des Mental-Sprech-Denkens weiter.

Sie sollten beim Mental-Training sehr sorgfältig vorgehen. Es hat nur dann einen Sinn, wenn es voll konzentriert und aufmerksam durchlaufen wird.
(Wenn Sie die *Basisübung Vorlesen* [S. 119] durchführen, bildet das Mental-Training den dritten Schritt.)

Mental-Training

Bitte überlegen Sie während des Mental-Trainings auch, wo man vielleicht eine kleine Pause machen könnte. Es gibt im Vortrag zwei Arten von Pausen:
Erstens eine Pause, welche Spannung erzeugt. Sie liegt vor dem betonten Wort. **Zweitens** eine Pause, welche die Wirkung eines soeben ausgesprochenen Wortes oder Satzes erhöht. Diese Wirkungspause **folgt** demnach der Botschaft, die sie besonders hervorheben soll.

Sprech-Denken trainieren

Sie können jeden Spaziergang, den Sie allein machen, zum gezielten mentalen Sprech-Denken nutzen. Dasselbe gilt für Reisezeiten oder ein langes, entspannendes Bad o.a. Wesentlich ist: Wenn Sie regelmäßig auf Kassette laut sprech-denken (vgl. *Basisübung Sprech-Denken*, S. 123), dann werden später solche Gedankenübungen von der Erinnerung an das Sprechen begleitet sein. Also mit fast unmerklichen Kehlkopf- und Zungenbewegungen einhergehen.

Sportler tun es!

Nun entspricht diese Art des mentalen Trainings genau dem, was Sportler tun, wenn sie z.B. in Gedanken einen Skihang hinunterfahren oder mental ihren Drive mit dem Golfschläger üben. Solange man die Tätigkeit zwischendurch immer wieder einmal wirklich ausführt, wirkt dieses Mental-Training wie eine weitere ausgeführte (echte) Übung und unterstützt den Trainingsprozeß in phänomenaler Weise.

Echtes und mentales Training haben die gleiche Wirkung

Zum Mental-Training gehört auch, daß Sie Ihr Publikum vor Ihrem geistigen Auge sehen, wenn Sie statt reinem Sprech-Denken später ganze Reden oder Teile davon im Sinne eines Mental-Trainings durchlaufen wollen. Da müssen Sie sich auf der Bühne oder in dem Besprechungszimmer **sehen**, in dem die geplante Rede bzw. Ihr Statement in einer Konferenz zum ersten (bzw. nächsten) Mal tatsächlich stattfinden soll.

Rollo:[1] Ich habe nach dem Studium einige erfolglose Einstellungsge-spräche hinter mich gebracht. Dann hat mir ein Freund meines Vaters geraten, ich sollte diese Situation gedanklich durchspie-len. Also: Was kann der Mensch mich fragen, was werde ich sagen, wie bestimmt oder zögernd klinge ich dabei usw.? Und ich sage Ihnen, ich habe mich ca. zwei Wochen lang jede Nacht vor dem Einschlafen mental durch solche Gespräche gespielt und habe dann beim nächsten echten Gespräch den Job auch bekommen.

Trainer: Genau! Das kann man auch mit Prüflings- oder Verhandlungs-Situationen, von denen viel abhängt, machen.

Dieses mentale Training funktioniert aus zwei Gründen:
Erstens nimmt man inhaltlich viel von dem vorweg, was spä-ter passieren kann. Also fühlt man sich sicherer und routinier-ter, als die Lebenserfahrung zu diesem Zeitpunkt gewährleistet hätte.

1   s. Fußnote auf S. 27.

Trainer:
(Fortsetzung)

Zweitens sind für das Unterbewußtsein Traum und Wirklichkeit nicht zu trennen, das heißt: Für Ihr Unterbewußtsein haben Sie die Situation genau so oft »erlebt«, wie Sie sie im realen **oder** mentalen Training durchlaufen haben. Wobei das Mental-Training noch weit effizienter wird, wenn vorher oder zwischendurch immer wieder einmal echt trainiert (z.B. laut gesprochen) wird.

Dabei beziehen Sie so viele Aspekte wie möglich in Ihre Vorstellung ein: von Fragen/Aussagen, die kommen könnten, über Kleidung, andere Personen (z.B. Kollegen Ihres Gesprächspartners, die öfter unterbrechen werden) bis zu der Umgebung, in der sich das alles abspielen wird.

s. auch
Training, S. 95
Basisübung. Vorlesen in Teil II, S. 119
Basisübung Sprech-Denken in Teil II, S. 123
Sprech-Denken: Ein Spiel in Teil II, S. 129

Publikum

Der Redner muß sein Publikum mögen oder doch zumindest respektieren.

Der Clown Grock

Sagt Ihnen der Name Grock etwas? Grock war einst einer der berühmtesten Clowns. Als ich etwa zwölf Jahre alt war, empfahl mir mein Vater, die Memoiren dieses außergewöhnlichen Menschen zu lesen, was ich mit Begeisterung tat. Und da gibt es eine Stelle, die uns unglaublich beeindruckt hat. Grock beschreibt nämlich den letzten Moment vor einer Vorstellung – wobei seine Auftritte immer Monate im voraus ausverkauft waren! Sie wissen vielleicht, daß der Vorhang einer Bühne im Theater ein kleines Guckloch hat, durch welches die Schauspieler das Publikum beobachten können. Und jeden Abend vor der Vorstellung stand Grock dort und betrachtete die Men-

Der Redner muß sein Publikum mögen oder doch zumindest respektieren.

schen, die in freudiger Erwartung Platz nahmen. Und er dachte mit großer Intensität: »Mein liebes, liebes Publikum. Ich danke dir, daß du heute erschienen bist, und ich werde mir größte Mühe geben, dich heute abend zu erfreuen!«
Dann gab er das Zeichen, den Vorhang beiseite zu ziehen, und mit diesem Gefühl im Bauch trat er vor diese Menschen! Das spürte sein Publikum!

In der Regel gilt, daß Ihnen das Publikum zunächst einmal **freundlich** gesinnt ist. Die meisten Menschen wissen, daß sie selbst nicht da vorne stehen und frei reden können.[1] Eine US-Studie hat gezeigt, daß die Angst, eine Rede halten zu müssen, sogar noch vor der Angst vor dem Tode rangiert!

Angst

Ausnahme ist natürlich ein »feindlich gesinntes« Publikum, wie z.B. in einer Bundestagsdebatte. Aber jemand, der regelmäßig vor einem solchen Publikum reden muß, ist sowieso ein Profi. Bei normalen Reden, sei es in der Firma oder bei Tagungen irgendeiner Art, scheint das Publikum durch die Nervosität des Redners angst-einjagend zu **wirken**.

Nervosität

Je mehr Angst wir nämlich selbst haben, desto bedrohlicher wirkt das Publikum auf uns, denn wir schaffen uns unsere Wirklichkeit bis zu einem gewissen Grade selbst. Man spricht auch von der selbst-erfüllenden Prophezeiung.
Wenn Sie annehmen, die Leute **wollten** Ihnen »Böses«, dann werden Sie **selbst** negative Signale aussenden, die Ihr Publikum langsam, aber sicher feindselig machen werden.

selbst-erfüllende Prophezeiung

s. auch
Beziehungs-Ebene, S. 34
Gehirn-gerechtes Arbeiten, S. 45
Lampenfieber, S. 55
Überzeugungskraft, S. 98
Zielgruppe, S. 112

---

1 ROGERS: *Frei reden ohne Angst und Lampenfieber,* s. Literaturverzeichnis ab S. 180.

Redezeit

Die Zeitplanung »zerfällt« in zwei Aspekte:
A: Vorbereitung
B: Die Redezeit

Nehmen wir an, Sie wollten eine Mini-Rede für eine Redezeit
von ca. drei Minuten vorbereiten.

**Zeitplanung
einer Rede oder
Aussage (z.B. für
ein Meeting)**

Woher wissen Sie vorher, wie lange Ihr Mini-Referat genau
dauern wird? Antwort: Indem Sie mit Ihrem Kassetten-Gerät
experimentieren und **feststellen**, wie lange Sie für bestimmte
Gedanken benötigen.

Hier muß jede/r den eigenen Stil finden. Ich persönlich habe
für mich folgende Vorgehensweise entwickelt: Ich notiere die
Haupt-Stichwörter (der Gliederung!) auf einzelne Karteikarten. Diese Karten kann ich auf dem Tisch ausbreiten, sortieren
bzw. einige Karten aussortieren (auch mehrmals!) usw.
Schließlich entscheide ich mich für die endgültige Reihenfolge. Jetzt erst werden die Karten numeriert.

**Aktivitäten im
Vortrag planen**

Nun können zu den Haupt-Überschriften Unterpunkte gefunden werden. Wer mit Karten weiterarbeiten will, könnte die
Haupt-Punkte z.B. auf orange Karten notieren, die Unterpunkte auf weiße und Zitate oder sonstige Zusatz-Informationen
auf blaue. Dann sieht man bereits an der Farbe, um welche
Informationsart es sich handelt. Man sieht auch, ob zu viele
blaue Karten (z.B. zu viele Zitate) dabei sind.

Weiter lege ich rote Karten an für praktische Beispiele (Expe-
rimente, Quiz-Aufgaben, Übungen), die ich auch mit großem
Publikum durchführe. So beginnt mein Referat über die
Arbeitsweise des Gehirns z.B. mit einigen kleinen Aufgaben,
die jeder für sich ausprobiert. Das sind oft Hunderte von Menschen! Glauben Sie also bitte nicht, Vorträge mit großem
Publikum könnten »nur Theorie« bieten!

Farbige Notizen helfen

Zeit ansagen

Jetzt sprech-denke ich die erste Rohversion auf Kassette (vgl. *Basisübung Sprech-Denken*, S. 123), wobei ich vor jedem Punkt die Zeit ansage. Dann weiß ich später sowohl, wie lange jeder einzelne Gedanke, als auch, wie lange die Rede dauert. Außerdem kann ich beim Abhören hinterher auf jeder Stichwortkarte mit Bleistift die Zeit notieren. Damit habe ich erste Richtwerte für diese Rede. Je mehr Bausteine, die ich früher schon verwendet habe, in eine neue Rede einfließen,

Profi-Tip: Ich
notiere mir alle
Stichpunkte auf
Karteikarten, und
dann sprech-
denke ich die
erste Rohversion
auf Kassette.

desto mehr Ahnung habe ich im Vorhinein schon über die Zeit, die jeder dieser Bausteine benötigt.

Ihre »Bausteine« werden wichtig, wenn Sie häufig Reden halten und wenn es Informationen gibt, die in verschiedenen Referaten sinnvoll sind. Lesen Sie dazu den Abschnitt *»Steine im Fluß«* auf S. 78.

Wie lange man braucht, um eine Rede zu »basteln«, kann niemand pauschal sagen. Je mehr Ihr Thema in Ihre *Wissensplattform* (s. S. 107) hineinfällt, desto leichter wird es Ihnen fallen. Es handelt sich ja dann vornehmlich darum:

1. bekannte und vertraute Informationen auszuwählen,
2. eine Reihenfolge der Hauptpunkte festzulegen,
3. diese Hauptpunkte gehirn-gerecht aufzubereiten,
4. den Einstieg und
5. das Ende
  zu planen.

neue
Informationen?

Sollten Sie jedoch über Informationen sprechen (müssen), die für Sie noch relativ neu sind, dann steht vor all dem natürlich noch die Phase des Lernens, Recherchierens etc.

s. auch
»Steine im Fluß«, S. 78
Training, S. 95
Vorbereitung, allgemeine, S. 102
Vorbereitung, spezielle, S. 105

Satzbau

lange Sätze

Fast in jedem Rhetorik-Seminar wird mir die Frage gestellt: Darf man auch längere Sätze bilden? Oder gilt das Gesetz des kurzen Satzes?

Es gibt Menschen, deren lange Sätze immer noch klarer sind als die kurzen Sätze anderer (z.B. Heinrich VON KLEIST). Sollten Sie bei Ihren Sprech-Denk-Übungen (später) feststellen, daß Sie selbst zu langen Sätzen neigen, daß diese Sätze jedoch klar im Aufbau sind – dann lassen Sie sich von niemandem einreden, Ihre Zuhörer seien zu dumm, um solchen Sätzen mit Gewinn folgen zu können.

Satz-Konstruktion

Sollten Sie hingegen feststellen, daß Ihre Sätze nicht klar sind bzw. daß Sie zu verworrenen Satz-Konstruktionen neigen, dann ist es am leichtesten, dieser Neigung entgegenzuwirken, wenn Sie sich eine Zeitlang intensiv darum bemühen, kurze Sätze zu bilden. Denn kurze Sätze sind in der Regel klar(er).

Beispiele

* Jeder Satz hat sein Subjekt.
* Jeder Satz hat sein Objekt.
* Man weiß, was das Subjekt tut.
* Jeder Punkt ist eine Mini-Zäsur.
* Man kann kurz pausieren, um zu atmen.
* Allerdings ist dies eine Trainingsaufgabe!
* Es soll nicht Ihr neuer Stil werden.
* Denn nur kurze Sätze wirken monoton.
* Sie entsprechen nicht dem normalen Denkfluß.
* Der ist nämlich nicht so abgehackt!
* Die letzten Sätze waren kurz.
* Diese Sprechart nagt (auf Dauer) an den Nerven.

Vorschlag:
Lesen Sie diesen
Text ruhig einmal
laut ...

* Ausschließlich kurze Sätze sind unangenehm.
* Deshalb: Vorsicht!
* Man kann alles übertreiben.
* Auch den Kurz-Satz-Stil!

Schlagfertigkeit

Wir alle kennen Menschen, deren Schlagfertigkeit uns imponiert. Souverän wehren sie rhetorische Angriffe ab, ziehen mit einem Wort ein schwankendes Publikum auf ihre Seite und lösen oft genug wahre Lachsalven aus, während ihr Diskussionsgegner zu Schweigen und Gestammel verurteilt ist. Deshalb ist es verständlich, daß regelmäßig die Frage auftaucht:

Kann man Schlagfertigkeit trainieren?

**innere Bereit-
schaft zu schlagen**

Diese Frage muß ich mit einem klaren »Jein« beantworten! **Ein** Aspekt der sogenannten Schlagfertigkeit ist die innere Bereitschaft zu **schlagen**. Die schlagfertigsten Menschen, die Sie kennen, haben oft einen gehörigen Schuß Aggressivität. So gesehen könnte man Schlagfertigkeit nur trainieren, wenn man gleichzeitig die Bereitschaft zum Kampf, also zum Schlagen erhöht. Davon möchte ich jedoch abraten.

Es gibt einen weiteren Aspekt der Schlagfertigkeit, nämlich die innere Bereitschaft, auf das einzugehen, was Gesprächspartner (oder die Hörer im Publikum) im »Hier und Jetzt« gerade sagen oder tun. Diese Fähigkeit ist äußerst hilfreich. Ein dritter Aspekt der Schlagfertigkeit ist der folgende: In dem Sinne, wie man den Begriff normalerweise definiert, impliziert er nämlich auch, daß der Schlagfertige **schnell denkt**.

Denk-Tempo

Schlagfertigkeit trainieren

Bei der *Basisübung Sprech-Denken* (s. S. 123) trainieren Sie Ihre Fähigkeit, zu einem Stichwort unvorbereitet zu sprechen.

alte Rhetorik-
Übung: zwei
Stichworte

Eine alte Rhetorik-Übung, welche das flexible, kreative Denken fördert, ist eine Variation unserer Grundübung. Sie brauchen je **zwei** Stichworte, die Sie nun sprech-denkend miteinander verbinden müssen.

Woher bekommen Sie solche Überraschungs-Begriffe, wenn Sie allein sind?

Begriffe finden

Ganz einfach! Nehmen Sie ein Buch (Roman oder Sachbuch), öffnen Sie es auf irgendeiner Seite und nehmen Sie von oben links das erste Hauptwort, das Sie finden, sowie unten auf derselben Seite das letzte Hauptwort. Schon haben Sie zwei Begriffe. Jetzt können Sie hierzu sprech-denken.

schnell denken
unter Streß

Viele Rhetorik-Trainer, die diese Übung vorschlagen, behaupten, sie erhöhe garantiert die Schlagfertigkeit. Ich möchte dies etwas einschränken. Wenn Sie prinzipiell ein Schnell-Denker sind, dann verbessert die Übung Ihre Fähigkeit, unter Streß sowie beim Üben – auf Kommando sozusagen – sprech-denkend zu reagieren. Jemand, der jedoch relativ langsam denkt, wird auch durch diese Übung nicht unbedingt schlagfertig. Aber seine Fähigkeit, aus dem Stegreif zu formulieren, erhöht sich auf alle Fälle.

s. auch
Zwischenrufe, S. 118
Basisübung Sprech-Denken in Teil II, S. 123
Sprech-Denken: Ein Spiel in Teil II, S. 129

Schlagzeilentechnik

Anliegen

Bei der sogenannten Schlagzeilen-Technik versuchen Sie, quasi wie ein Redakteur eine spannende Überschrift für die Hauptidee zu formulieren. Nach dem Motto: Wenn man sein Anliegen nicht in eine Schlagzeile packen kann, dann ist es zu früh, darüber eine Rede zu halten!

Dieses Motto sollte man auf ein Plakat schreiben und in alle
Räume hängen, in denen Konferenzen abgehalten werden!

Übrigens ist das Finden eines »Aufhängers« für die Schlagzeile eine hervorragende Denksportaufgabe, z. B. wenn man kleinere Wartezeiten zu überbrücken hat oder beim Spazierenge-
hen. Denn die Art, in »Aufhängern« zu denken, ist eine Denk-
weise (ähnlich dem Rätselraten!), die mit Übung immer besser
wird.

Selbstwertgefühl (SWG)

**Eine Metapher ist
eine Redewen-
dung, in der eine
Bezeichnung auf
eine andere Situa-
tion »ausgewei-
tet« wird. So
spricht man z.B.
vom FlußARM
oder vom Berg-
RÜCKEN, von der
»BLÜTEzeit« der
Dichtkunst. Meta-
phern eignen sich
wegen ihres
Bildcharakters
hervorragend, um
abstrakte Zusam-
menhänge an-
SCHAU-lich zu
machen.**

Wir sollten unterscheiden zwischen dem »kleinen Ich« (Ego)
und dem wahren Kern unseres Wesens, manchmal auch als
(HÖHERES) SELBST oder als SEELE bezeichnet. Sie finden
eine Erklärung dieses Zusammenhangs als **Beispiel aus dem
Birkenbihl-Fixstern-Seminar** (*Eine Metapher: Der Lattenzaun* im Anhang auf S. 171). Bitte lesen Sie den Text jetzt
gleich, ehe Sie zu dieser Textstelle zurückkehren.

Aus dieser Metapher geht hervor, daß wir statt »Selbst-Wert-
gefühl« eigentlich »Ich-Wertgefühl« sagen müßten, denn es ist
das »kleine Ich« (Ego), das Unsicherheitsgefühle erleidet; nie
unser wahres Wesen (bzw. unsere Seele).
Je dichter der Lattenzaun ist, desto aggressiver (oder defensi-
ver) das »kleine Ich« (Ego) des Mitmenschen. Wenn wir das
wissen, können wir Konsequenzen ziehen:

1. Wir können dafür sorgen, daß in unserem eigenen Lattenzaun einige Latten vorsichtig herausgelöst werden können. Hierzu empfehle ich Ihnen alle Bücher, die im Literaturverzeichnis ab Seite 180 mit Sternchen gekennzeichnet sind. Jedes einzelne ist enorm hilfreich.

2. Wir können auf das »kleine Ich« (Ego) unserer Mitmenschen mehr Rücksicht nehmen. Das bedeutet auch, daß wir nicht so schnell verletzt und beleidigt reagieren, wenn uns mal wieder so ein »kleines Ich« (Ego) angreift.

3. Wir berücksichtigen das Ich-Wertgefühl unserer Zuhörer, z.B. indem wir ihnen »schwierige Informationen« (oder gar Kritik) mit Hilfe einiger kleiner Quizaufgaben (s. S. 23) oder der rhetorischen Doppelfragen-Strategie (s. S. 53) näherbringen, statt ihnen nur zu sagen, wir fänden ihr Verhalten nicht o.k.

s. auch
Aktivierung des Publikums, S. 23
Erwartungshaltung der Hörer/innen, S. 43
Information, S. 51
Eine Metapher: Der Lattenzaun im Anhang, S. 171

Sprechtempo[1]

**Wie schnell »darf«
man sprechen?**

Bei der Sprechgeschwindigkeit müssen wir unterscheiden: Nennen wir eine Sprechweise »schnell« oder langsam im Sinne einer absoluten Beschreibung oder in bezug auf die »normale« (= durchschnittliche) Sprechgeschwindigkeit dieser Person?

1 vgl. BIRKENBIHL: *Signale des Körpers*, S. 174–178, s. Literaturverzeichnis ab S. 180.

»Absolute« Geschwindigkeiten

Da Sprechgeschwindigkeiten von 200 bis 500 Silben pro Minute registriert wurden (in indo-europäischen Sprachen), können wir sagen:

ca. 200 Silben pro Minute ergeben ein relativ langsames Sprechen,

ca. 350 Silben pro Minute ergeben ein relativ »normales« Sprechen,

Sprechtempo   ca. 500 Silben pro Minute ergeben ein relativ schnelles Sprechen.[1]

Allerdings müssen wir hier schon wieder zur Vorsicht raten, weil z.B. Franzosen und Italiener eine schnellere »Normalgeschwindigkeit« gewöhnt sind als Deutsche. Deswegen muten uns Filme, die aus dem Italienischen bzw. Französischen ins Deutsche übersetzt wurden, so »eigenartig« an: Die Synchronisierung wird enorm schwer, da in jenen Filmen pro Sprecheinheit mehr Worte untergebracht waren, als im Deutschen möglich wäre. Also müssen die Übersetzenden entweder schneller sprechen, als deutsche Zuschauer »normal« finden, oder aber weniger Worte benutzen, d.h. einen Teil der Information ausfiltern. Auf der anderen Seite bestehen diesbezügliche Probleme in weit geringerem Maß mit englisch/deutschen Übersetzungen.

Relative Geschwindigkeiten

Solange wir uns mit anderen in unserer Muttersprache unterhalten, bewegen wir uns **innerhalb unserer Geschwindigkeitsnorm**, stellen aber trotzdem fest, daß es noch immer große Geschwindigkeitsunterschiede geben kann, und zwar einmal von **Sprecher zu Sprecher** und zum zweiten **bei demselben Sprecher von Moment zu Moment**.

---

1   Geschwindigkeiten unter bzw. über diesen Werten würden dann dementsprechend als »extrem langsam« bzw. »extrem schnell« auffallen.

Was die Unterschiede von Sprecher zu Sprecher angeht, so möchte ich auf sie hier nicht eingehen. Zu viele Fragen hängen m. E. noch unbeantwortet im Raum (wiewohl manche Autoren meinen, eine endgültige Antwort gefunden zu haben), z. B.

schnell auch intelligent?

»Spricht ein Mensch um so schneller, je intelligenter er ist?« Oder: »Inwieweit ist die Anlage zur Sprechgeschwindigkeit angeboren bzw. wird sie in den ersten Kindheitsjahren von der Umwelt maßgeblich geprägt?« Ich meine, daß Deutungsversuche innerhalb der Psychologie bzw. der Kinesik noch zu weit auseinanderliegen, als daß ich schon einzelne anbieten möchte. Anders hingegen verhält es sich mit der **relativen** Sprechgeschwindigkeit eines Sprechers, die zu verschiedenen Momenten sehr unterschiedlich sein kann!

In »Biologische Grundlagen der Sprache« von LENNEBERG[1] fand ich eine hochinteressante Beobachtung hierzu:

Wiederholungen führen zu Tempo.

»Wie schnell spricht jemand (gerade)? Auf diese Frage gibt es natürlich keine einfache Antwort ... Die höheren Geschwindigkeiten (von mehr als 500 Silben p/min) werden insbes. dann erreicht, wenn der Sprecher **häufig vorkommende Redewendungen oder Klischees** gebraucht. Anscheinend hängt der wichtigste ... Faktor mit den kognitiven Aspekten der Sprache zusammen und nicht mit der **physischen Fähigkeit, die Artikulationsbewegungen auszuführen** ... Außerdem spielt die Übung eine Rolle. Man muß bestimmte Worte (mehrmals) gebraucht haben, **ehe man sie mühelos (i.e. schnell) aussprechen kann.**«

Vereinfacht könnte man also sagen, daß ein Mensch in einer bestimmten Situation um so schneller (relative Geschwindigkeit für diesen Menschen) sprechen wird, je häufiger er diese Aussagen bereits gemacht hat! Ich kenne z.B. einen Schrift-

---

1 LENNEBERG: *Biologische Grundlagen der Sprache*, S. 116/117, Hervorhebungen von mir, s. Literaturverzeichnis ab S. 180.

wie viele SILBEN
pro Minute?

steller, der **so** schnell spricht, daß man bei einer Messung wahrscheinlich mehr als 600 Silben pro Minute erfassen würde. Wenn man nun sämtliche »geschluckten« Silben (und vergessenen Wörter) subtrahiert, die man zunächst ergänzt hatte (d.h. die man »gehört« zu haben glaubte), würden wahrscheinlich immer noch mehr als 500 Silben pro Minute übrig bleiben. Warum aber kann man die fehlenden Silben oder gar Worte mühelos »ergänzen«, warum merkt man nicht sofort, daß sie gar nicht vorhanden sind? Weil er im Grunde bei jedem Gesprächsbeginn das gleiche erzählt: Welcher Artikel derzeit wo publiziert wird, woran er derzeit arbeitet u.a. D.h., solange er solche Informationen bringt, würde es vollständig genügen, wenn er sagen würde: »Derzeit ... Thema Küche ... in XXX-Zeitschrift ... Thema Sex ... Serie ... Buchthema Hausapotheke ...« Denn auch dieser Mensch spricht wesentlich langsamer, wenn die Thematik ihm neu oder wenn sie noch nicht »eingeschliffen« ist.

Tempo am
Telefon!

Praktisches Beispiel: Viele Telefonistinnen großer Firmen sprechen die Firmenidentifikation dermaßen schnell (wobei sie auch Silben »verschlucken«), daß der arme Kunde überhaupt nicht weiß, ob er richtig »verbunden« ist. Noch schlimmer ist es m.E., wenn die Firma mich anruft, da ich hier ja nicht raten kann! Z.B. klingelt dann bei mir das Telefon, ich hebe ab und höre:

»Wischefaban Disulle Deuschlan, Stugard – ich verbinde mit Herrn Hanawa ...« (Dies soll heißen: Wirtschaftsverband Industrieller, Deutschland ... Herrn Hannawalder!)

Da diese Damen nach den Worten »ich verbinde« ihre Drohung auch **sofort** in die Tat umsetzen, habe ich meist nicht einmal die Möglichkeit zu fragen: »Wer spricht bitte?« Sollte ich diese Frage jedoch stellen können (selten!), passiert meist folgendes: Dieselbe verstümmelte Nachricht wird im gleichen Sprach**rhythmus**, wenn auch minimal langsamer, wiederholt, wobei die Sprach**melodie** jedoch jetzt **Beziehungssignale** sendet: Die Dame ärgert sich, daß der automatische Verbindungs-

akt verzögert und sie aus der Routine herausgeworfen wurde!
**Sollten Sie selbst Führungskraft oder gar Besitzer eines
solchen Unternehmens sein, kann ich Ihnen nur raten, öf-**

*Testen Sie
Ihre Firma*

**ter mal Kontroll-Anrufe in Ihrer eigenen Firma zu ma-
chen.** Nehmen Sie die Verstümmelung Ihrer Firmenidentifikation ruhig auf ein Band auf und spielen Sie dies verschiedenen
Personen vor. Dann nämlich werden Sie feststellen: Sie selbst
haben die fehlende Information meist automatisch ergänzt,
glauben also, »verstanden« zu haben, was andere Menschen
nicht verstehen, wenn Sie es ihnen vorspielen! (Sie können
z.B. fünf große Firmen hintereinander anrufen und Vergleiche
anstellen. Bei mindestens drei werden Sie höchstwahrscheinlich feststellen, daß viel zu **schnell** gesprochen wird[1]!)

So daß wir eine Regel bezüglich der relativen Sprechgeschwindigkeit eines Individuums formulieren können:

> **Je öfter jemand die gleiche Aussage macht, desto höher
> wird seine relative Sprechgeschwindigkeit.**

*Schulen Sie Ihr
Wahrnehmungs-
vermögen*

Bei Film- und Tonbandaufzeichnungen meiner Vorträge kann
man z.B. feststellen, daß Beobachter **aus der Geschwindigkeit, mit der ich eine Frage beantworte, richtig erraten
können, ob diese eine »Routinefrage Nr. 17 oder 18« dar-**
stellt oder ob diese Frage selten auftritt bzw. noch nie aufge-
treten war! (Wenn Sie Freunde haben, die Ihnen erlauben,
einen »geselligen Abend« einmal auf Band aufzunehmen,
würde ich Ihnen dazu raten: Sie werden erstaunt sein, welche
Geschwindigkeitsveränderungen Sie wahrnehmen werden,
wenn Sie dieses selbe Band später mehrmals aufmerksam
abhören!)

---

1 Sie wissen wahrscheinlich, daß man einer Person vorher sagen muß, sie
   werde auf Band aufgenommen, aber in diesem Fall wird dies problema-
   tisch, da Sie überhaupt keine Chance dazu haben, ehe die Firmenidentifikation (manchmal plus Begrüßungsformel) gesagt wurde. Also können Sie
   erst im Nachhinein informieren!

Da wir beim Sprechen immer mehr als hundert Muskeln koordinieren müssen[1], leuchtet es sicher ein, daß **Übung** ein sehr wesentlicher Faktor sein wird. So daß sowohl die Übung in bezug auf die derzeit gesprochenen Worte bzw. Sätze (Floskeln) zum Tragen kommt als auch das Üben des Sprechens schlechthin: Ein Redner, ein Sprecher, der also häufig stundenlang sprechen muß, wird bei ihm bekannten Themen schneller sprechen können als ein Mensch, der überwiegend schriftlich kommuniziert, auch wenn der Redner **diese** spezifischen Worte in ihrer Zusammensetzung nicht zum fünfzigsten Male ausspricht!

Tempo für Hörer, denen die Information NEU ist.

Sollten Sie Hemmungen haben, weil Sie glauben, Sie sprächen »zu langsam«, dann gibt es nur eine Möglichkeit: Üben, üben, üben. Je mehr Sie sprechen, desto »geölter« wird der Bewegungsablauf und die Koordinierung all dieser vielen Muskeln. (Wobei ich hier ausdrücklich darauf hinweisen möchte, daß man **seinen Stil nicht grundsätzlich** zu verändern suchen sollte! Aber wenn jemand ab und zu eine Präsentation in der Firma machen muß, dann könnte er, **bezogen auf diese Präsentation**, seine Sprechgeschwindigkeit um ein Geringes anheben, **wenn** er sie mehrmals **laut** geübt hat!)

Verkaufen: »schnell« ist nicht unbedingt »gut«.

Auf die Sprechgeschwindigkeit müssen m. E. besonders diejenigen Berater achten, die meinen, Verkaufen sei eine Sache der »glatten Präsentation«. Also diejenigen, die »rhetorische Fähigkeiten« als Hauptfaktor des Erfolges sehen! Gerade sie neigen nämlich dazu, ihre Aussagen »herunterzuspulen«. Dies irritiert immer den Hörer, der diese (oder ähnliche) Worte zum erstenmal hört, wenn er nicht so schnell mit-denken kann, wie der andere spricht! Übrigens leidet so mancher »brillante« Vortrag (eines Redners) auch dadurch, eben *weil* er inhaltlich brillant ist! Dies führt uns zur nächsten Regel:

---

1 LEMMERMANN, S. 53: »... die Muskeln der thorakalen und abdominalen Wände, des Nackens und Gesichts, des Kehlkopfes, des Pharynx und der Mundhöhle ...«, vgl. Literaturverzeichnis ab S. 180.

> **Je unbekannter Ihrem Zuhörer Ihre Informationen sind (oder zu sein scheinen), desto langsamer müssen Sie das Material präsentieren!**

Schnell sprechen PLUS Pausen ergibt ein »langsames Tempo«.

Wohlgemerkt: Das Material langsam präsentieren heißt nicht, daß Sie unbedingt langsamer sprechen sollen! Das gleiche erreichen Sie auch, indem Sie ab und zu pausieren, indem Sie Kontrollfragen stellen, indem Sie Beispiele einbauen, die Ihre »theoretischen« Informationen »verbildlichen«.

Haben Sie es hingegen mit einem Gesprächspartner zu tun, der Sie »langweilt«, weil er Ihnen zu langsam spricht (weil Sie viel schneller denken bzw. über seine Informationen auch schon vor dem heutigen Gespräch nachgedacht haben), dann besteht die Gefahr, daß **Sie ihm** durch körpersprachliche Signale anderer Art (Mimik, Gestik, Haltung, Augenkontakt) zu verstehen geben, daß er Sie langweilt. Sollte dieser andere ein Verkäufer sein, der Ihnen etwas »aufschwatzen« will, dann können Sie natürlich ruhig solche Signale senden (und beobachten, wie »stur« viele diese nicht wahrnehmen). Wenn dieses Gegenüber jedoch Ihr Chef ist, dann ziehen u.U. Sie dabei den kürzeren, falls er Ihre Signale registriert. Wenn es gar Ihr Partner oder Ihr Kind ist, dann **verletzen** Sie den anderen, d.h., Sie **vergiften** dadurch die Beziehungs-Ebene (s. S. 34)! Darüber sollten Sie sich zumindest im klaren sein, wenn Sie »sich nicht beherrschen« können oder wollen!

Zum Abschluß des Themas Geschwindigkeit sei noch darauf verwiesen, daß der **Eindruck** der Sprechgeschwindigkeit auch von **Pausen** mitbeeinflußt wird. Wenn jemand z.B. **zögernd** spricht, kann es sein, daß seine einzelnen Pausen zu kurz sind, um vom anderen als »Pause« registriert zu werden, wiewohl der Gesamteindruck »langsam« wird! Gerade solche Menschen reagieren meist sehr sensibel auf körpersprachliche Signale der **Ungeduld**; sie werden durch diese verunsichert, d.h. noch **langsamer**.

Stegreifrede

Denken Sie an ein Thema, mit dem Sie sich in der Vergangenheit befaßt haben. Frage: Könnten Sie aus dem Stegreif eine Minirede von ca. einer Minute dazu halten?

☐ klar!
☐ ich bezweifle es
☐ auf keinen Fall

Testen Sie Ihre Fähigkeit für Stegreifreden regelmäßig. Trainieren Sie diesen wichtigen Aspekt rhetorischer Meisterschaft.

s. auch
Vorbereitung, allgemeine, S. 102
Stegreif-Rede zum Thema »Tarot« im Anhang, S. 174

»Steine im Fluß«

Stellen Sie sich vor, Sie wollen einen Fluß überqueren. Sie wissen, wo (knapp unter der Wasseroberfläche) einige Steine liegen – aber für einen Betrachter scheinen Sie »über Wasser gehen« zu können.

»Steine im Fluß«
sind Wissens-
Module.

»Steine im Fluß« sind **Wissens-Module** in Ihrem Vortrag. Dabei handelt es sich um Informations-Einheiten, die Ihnen **Sicherheit bieten**, denn Sie wissen genau, wo Ihre Steine liegen. Daher geben sie Ihnen **jederzeit sicheren »Halt«**, wenn Sie den Fluß überqueren wollen.

Zwischen den Steinen in Ihrem Redefluß ist natürlich Wasser. Wenn Sie frei sprechen (und Sie geraten »ins Schwimmen«), dann können Sie **jederzeit** auf einen dieser Steine hüpfen, und Sie **haben wieder die Sicherheit**, die Sie brauchen.

Wie werden »Steine« zu Teilen meiner Rede?

Ich bereite meine **»Steine im Fluß«** auf folgende Art und Weise vor:
Wenn ich neue Konzepte entwickle, dann notiere ich meine ersten und zweiten Stichworte und Grundgedanken. Ich lege mir interessante Zitate zurecht, die ich vielleicht zitieren oder paraphrasieren möchte.

Dann aktiviere ich ein Kassettengerät und spreche die erste **Rohversion** auf Band. **Ich spreche immer frei**, und ich rate Ihnen dringend, keinen Vortrag schriftlich »auszuformulieren« und dann abzulesen. Das dürfen allenfalls Top-Führungskräfte, die einmal im Jahr auf der Hauptversammlung ihrer Händler »eine Rede halten« müssen, wiewohl ihnen diese Aufgabe absolut nicht liegt!

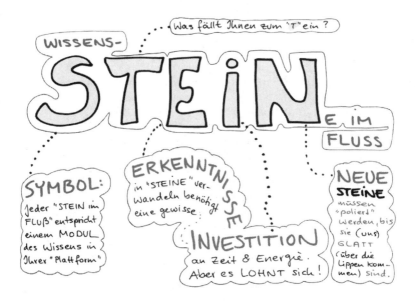

Nun höre ich mir diese erste Variante mehrmals an: beim Autofahren (fast nebenbei!), beim Gassigehen, in der Küche usw.

Wenn Sie später Ihre eigene Rohversion anhören, stellen Sie
sich z.B. folgende Fragen:

1. **Was ist mir besonders gut gelungen?** Wo ist eine Formulierung geglückt? Wo ist mir spontan ein schönes Fallbeispiel eingefallen?
2. **Was gefällt mir (noch) nicht?** Das fällt Ihnen spätestens
   beim zweiten Anhören auf. Beim ersten Mal sind Sie von
   Ihrer eigenen Brillanz noch relativ gefangen. Vor allem am
   Anfang, wenn Sie die Übung die ersten Male machen. Deshalb suchen Sie jetzt, beim kritischen wiederholten
   Abhören, die Schwachstellen.

1. Was ist mir besonders gut gelungen?

Erst wenn Sie diese Fragen gut beantworten können, ist der
Zeitpunkt gekommen, die **zweite Rohversion** auf Band zu
sprechen. Das, was Ihnen gut gefallen hat, werden Sie beim
zweiten Durchgang (fast automatisch) wieder »bringen«, eben
weil es Ihnen bei mehrmaligem Hören jedesmal gefallen hat.

2. Was gefällt mir (noch) nicht?

An **den** Stellen, an denen Sie noch schwach waren, arbeiten
Sie jetzt weiter. Sie können jederzeit zurückspulen und Teile
neu sprechen oder pausieren, während Sie nach Worten
suchen. Das ist sehr einfach.

Wenn mir die eine oder andere Passage auf einer Rohversion
besonders gut gelungen ist, dann überspiele ich diesen Teil
(Kassette zu Kassette direkt) auf die nächste Rohversion,
damit ich diese Stelle noch weitere Male hören kann. Bald
kann ich diesen **Zufallserfolg** bewußt nachvollziehen!

Was den Inhalt Ihrer Gedanken angeht, so gilt:
Was Sie selbst beim vierten oder fünften Abhören fühlen, das
empfinden Ihre Hörer in der Regel beim **ersten** Hören!
Darum können Sie jetzt feststellen:

Qualitätskontrolle   * Welche Textstellen langweilen Sie selbst?
* Welche Textstellen erscheinen Ihnen jetzt unpassend (falsch, albern usw.)?
* Bei welchen Textstellen empfinden Sie selbst jetzt, nach mehrmaligem Hören, einen gewissen Stolz? (Das sind, wenn Sie selbstkritisch sind, tatsächlich die **starken Stellen** Ihrer Rede!)

Rohversionen   Ich mache für manche Vorträge **einige** (!!) solcher Rohversionen! Oft investiere ich vier bis fünf Tage in ein 45-Minuten-Referat für einen Kongreßbeitrag (insbesondere wenn ich neue Gedanken vortragen werde). Damit meine ich vier bis fünf **Arbeitstage**, d.h., ich fange **einige Wochen vorher** an, denn ich will ja alle Rohversions-Kassetten mehrmals hören. Wenn ich Wochen vorher mit der ersten Rohversion anfange und mir diese auf den nächsten zwei, drei Reisen unterwegs im Auto anhöre, dann erstelle ich (zu Hause oder unterwegs) die zweite Rohversion, die ich dann auf der nächsten Reise höre usw.

Training
VOR Auftritt   Oft entstehen sechs bis sieben Rohversionen (in Ausnahmefällen sogar mehr). Rechnen Sie mit: Sie hören jede Rohfassung zwei- bis dreimal! Wenn Sie später **vor Ihrem Publikum** stehen, dann gehen Sie das Material **zum 20. bis 25. Mal** durch. So merkt kein Mensch, daß diese Gedanken vor einigen Wochen für Sie noch neu waren. Genaugenommen ist das Thema mit dieser Technik für Sie nicht mehr (sooo) neu. Ich finde es nämlich **unfair, erste Übungen vor Publikum zu machen!**

Zusatztip für Profis

Wenn es um Aspekte geht, die Ihnen zunächst besonders schwerfallen, dann suchen Sie sich einige Gesprächspartner, die Sie spontan anrufen können. Sagen Sie ihnen, Sie seien mit den Vorbereitungen für einen Vortrag (ein Seminarelement) beschäftigt, und fragen Sie, ob der andere JETZT (oder sehr bald) Zeit für Sie hat.

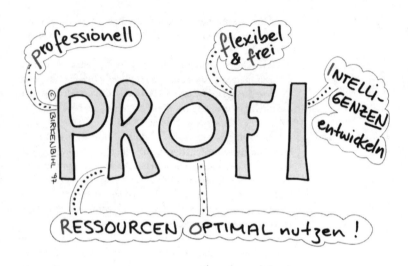

»Sounding board« nennt man eine »Klangwand« im Tonstudio, die Geräusche reflektiert. Ein Mensch, der als »sounding board« fungiert, hilft Ihnen, Ihre eigenen Gedanken zu reflektieren. Er offeriert nicht 100 »bessere Ideen«; er gibt Ihnen eine ehrliche Einschätzung Ihrer Gedanken.

Wenn Sie dann solche Telefonate **ebenfalls mitschneiden**[1], wird eine **Rohversion** daraus, die Fragen oder Einwände Ihres Partners beinhaltet. Das kann sehr hilfreich sein.

Wichtig ist, daß Sie dies **nur mit ausgewählten Menschen** machen, mit denen Sie **vorher** abgeklärt haben, ob sie Ihnen manchmal als »sounding board« **helfen wollen**. Das heißt, die Hilfestellung dieser Menschen während dieses Telefonats besteht darin, a) Ihnen zuzuhören und b) aktiv mitzudenken!

Diese Menschen dürfen Ihnen **jetzt nämlich nicht** jede erste Assoziation erzählen, die ihnen beim Hören einfällt! Sie stellen Fragen oder äußern Einwände, **wenn sie etwas nicht verstehen** oder absolut nicht akzeptieren können. **Diese Menschen geben Ihnen die Gelegenheit, eine gute Rohversion zu produzieren,** bei der die Tatsache, daß Sie Ihre Gedanken

---

1   Natürlich fragen Sie, ob Sie aufzeichnen dürfen.

Vortrag verbessern

einem lebendigen Menschen vortragen (nicht nur dem Kassettengerät) Ihren Vortrag dramatisch verbessern kann.

Und weil dieser Mensch Fragen stellt oder Einwände vorbringen darf, **solange er nicht in persönliche Reflexionen** (»ich hatte neulich auch so eine Sache«) **verfällt**, erhalten Sie ein Gefühl dafür, ob Teile des Vortrages vielleicht noch unklarer sind, als Sie dachten (**oder umgekehrt!**).

Natürlich kann so ein Meeting face-to-face stattfinden, aber wenn man weit auseinander wohnt ... Außerdem arbeiten manche Menschen am Telefon weit konzentrierter als »in Person«.

Je mehr »Steine im Fluß«, um so besser

Wenn Sie regelmäßig so vorgehen, schaffen Sie im Lauf der Zeit viele »Steine im Fluß«. Somit werden Sie immer sicherer und souveräner, denn es gibt mehr und mehr »Steine«, auf die Sie jederzeit springen können.

möglichst viele »Steine im Fluß«

Reden lernt man nur durch Reden!

Wer nur fünf »Steine im Fluß« hat, dem fällt es noch relativ schwer, bei einer Unsicherheit zum Thema XY eine passende Assoziation zu einem der fünf Steine zu bilden, um auf diesen Stein zu hüpfen. Haben Sie hingegen 15 »Steine im Fluß«, dann fällt dies schon leichter, und **bei 55 Steinen gibt es kaum ein Thema, bei dem Sie – falls Sie »ins Schwimmen« geraten – nicht lässig auf einen Ihrer Steine springen können!** Wir alle kennen den alten Trick: Schreiben lernt man nur durch Schreiben. Analog gilt natürlich auch: Reden lernt man nur durch Reden! **Warum benehmen wir uns dann oft so**, als könne man am Schreibtisch sitzend mit Papier und Stift (oder Computer) eine hervorragende Rede vorbereiten? Wir wissen, daß es nicht geht.

Wenn Sie ein(ig)e Rohversion(en) durchlaufen haben, dann haben Sie die Sicherheit, die Sie brauchen, wenn Sie diese Gedanken zum ersten Mal öffentlich vortragen wollen.

Noch ein Profi-Tip

Schneiden Sie Ihre eigenen Veranstaltungen ab und zu mit!
Der Ton reicht vollkommen. Erklären Sie den Teilnehmern,
daß Sie an sich arbeiten und daß Sie das zur Eigenkontrolle
machen wollen. Betonen Sie, daß Sie eigene Schwachstellen
nur finden können, wenn Sie Ihren Vortrag im nachhinein hören können. Fragen Sie, ob die Gruppe etwas dagegen hat. **Die
Gruppe hat in der Regel nicht nur gar nichts dagegen**, die
Teilnehmer finden das sogar toll, daß auch ein(e) Vortragen-
der) oder ein/e Trainer/in an sich arbeitet. Ein besseres Signal
können Sie gar nicht senden.

Mitschnitte   Wenn Sie solche Mitschnitte haben und sie z.B. auf Reisen im
öfter hören   Auto hören, dann **sammeln Sie auch emotionale Reaktionen**.
Zum Beispiel stellen Sie beim Abhören fest, daß Sie an
bestimmten Stellen Gelächter, Applaus oder andere Anzeichen
von Betroffenheit »geerntet« haben. Testen Sie in Vorträgen
der nächsten Tage und Wochen, ob Sie **beim nächsten Mal**
eine ähnliche Reaktion auslösen. So sammeln Sie einige Rede-
Elemente mit **vorhersagbaren emotionalen Reaktionen**!

Auf diese Weise entwickeln Sie im Laufe der Zeit unterschiedliche »Steine im Fluß«: »funny stones«, »serious
stones« usw. Diese können Sie später **jederzeit gezielt** »an-
springen«, je nachdem, ob sie gerade einen ernsthaften oder
einen eher leichteren Touch benötigen.

Stichpunkte

Soll man sein Referat Wort für Wort ausformulieren, oder soll
man – nur von Stichpunkten ausgehend – die Rede durch
Sprech-Denken frei entwickeln?

**Vorbereitung:
Stichwörter oder
ganze Sätze?**

Im Gegensatz zu vielen Rhetorik-Trainern bin ich nicht der Meinung, jeder Redner müsse unbedingt von Stichpunkten ausgehen. Wohlgemerkt, wir sprechen jetzt von der Vorbereitung und noch nicht vom Halten des Referates selbst. Denn wiewohl es beim Vortrag besser ist, mit einigen Stich-Punkten auszukommen, gilt beim Kreieren der Rede: Es gibt Menschen, die können weit effizienter mit Sprache umgehen, wenn sie **ganze Sätze schreiben.** Und es gibt solche, die **sprechend** besser formulieren. Daher **kann** ein **erstes** Ausformulieren für Sie tatsächlich der bessere Weg sein. Allerdings gilt natürlich: »Reden lernt man nur durch Reden.« Wenn Sie vorher **schreiben**, müssen Sie danach oft genug üben zu reden, sonst besteht akute Gefahr, daß Sie einen »Schreibstil« sprechen wollen. Benutzen Sie einige gut gelungene FORMULIERUNGEN aus Ihrem Manuskript, nicht jedoch den gesamten Text Wort für Wort – wenn es eine lebendige Rede werden soll, die Ihre Hörer an-SPRICHT.

Falls Sie lieber sprechend formulieren, sollten Sie gleich im Sinne der *Basisübung Sprech-Denken* (s. S. 123) auf Kassette sprechen.

Manche Menschen, die schriftlich weit besser formulieren, haben Angst, daß eine ausformulierte Rede »unmöglich« sei: **erstens,** weil sie später auswendig gelernt (steif) wirken könnte, und **zweitens,** weil man schreibend eher eine sogenannte »Schreibe« formuliert, im Gegensatz zur »Sprache«.
Nun, hierzu möchte ich anmerken:

Schauspieler

1. Vergleichen Sie einmal einen Profi-Schauspieler (der sich in eine Rolle »eingelebt« hat) mit einem Anfänger: Beim Profi wirkt nichts »angelernt«: wiewohl er sogar einen Text vorträgt, den er sich nicht einmal selbst ausgedacht hatte! Meines Erachtens wird die Furcht, irgend etwas könnte »angelernt« wirken, gern als **Vorwand, nicht** zu trainieren, gebraucht!

Training 2. Das auf Seite 85 oben skizzierte Training hilft, wenn Sie lieber schreibend mit den Vorbereitungen beginnen.

s. auch
»Steine im Fluß«, S. 78
Training, S. 95
Basisübung Sprech-Denken in Teil II, S. 123

Stories

Die alten Meister (die immer auch Meister der Rhetorik waren, wie Jesus, Buddha und andere) haben viele Geschichten erzählt, sprich: in Gleichnissen das ganze Hirn ihrer Zuhörer angesprochen und damit den ganzen Menschen – also auch ihre Seelen.

Wenn Sie eine Idee in eine Geschichte »packen« können, können Sie auch Ihre Hörer »packen«. Stories sprechen Kopf und Gefühle an, sie sind leicht verständlich und gut zu merken. Besonders »stark« wirken **Gleichnisse** und **Metaphern** (s. Anhang, S. 171). Das wußten Buddha, Jesus und alle großen Meister, die auch rhetorische Meister waren. Geschichten (wie *Zitate*) eignen sich auch hervorragend als Rede-Anfang oder -Schluß.

Wenn Sie Stories und Zitate suchen, so gibt es neben der (Fach-)Literatur[1] noch viele weitere hervorragende Quellen, inkl. die Bibel und alle traditionellen Schriften, z.B. die *Upanishaden* der alten Inder. Ich benutze besonders gern **Sufi-Geschichten**!

Sufismus

Der Sufismus enthält als Geheimlehre (im persisch-arabischen Raum) uralte Weisheiten und spirituelles Wissen. Berühmter Aspekt sind Sufi-Stories. Alle Sufi-Geschichten sind ausgezeichnet geeignet, den Hörer aus der linken (analytischen, rationalen, logischen) Hirnhälfte in die rechte (kreative, intuitive) Hirnhälfte fallen zu lassen. Ihr Held ist häufig Nasruddin.

---

1   z.B. PUNTSCH, *Zitaten-Sammlung*, s. Literaturverzeichnis ab S. 180.

Nasruddin schlüpft in jede Rolle, die ein Sufi-Meister braucht, um ein Gleichnis zu erzählen! In der folgenden Geschichte ist er Geschäftsmann, genaugenommen ein Viehhändler.

Nasruddin als Eselhändler

Täglich erscheint Nasruddin auf dem Marktplatz und bietet Esel an, und zwar weit unter dem Preis, den der Großhändler daneben fordert. Die ersten Tage zieht der mit, weil er meint, dem kleinen Händler wird bald die Puste ausgehen. Aber Tag für Tag erscheint Nasruddin, und Tag für Tag unterbietet er die normalen Preise für Esel um einiges. Jetzt wird es dem Großhändler zu dumm, er geht mit seinen Preisen weit unter die Selbstkosten, um diesen lächerlichen Preiskrieg möglichst schnell zu beenden. Aber es nützt nichts. Jeden Tag erscheint Nasruddin und unterbietet den Superpreis des Großen, und morgen wieder und übermorgen und so fort.

Schließlich hält es der Große nicht mehr aus. Er lädt Nasruddin ins Café ein und spricht mit ihm. »Hör mal«, sagt er,

»ich will ehrlich mit dir sein. Ich begreife deine Strategie nicht. Ich habe einen total durchrationalisierten Großbetrieb[1], ich baue das Futter für die Tiere, die ich selbst züchte, ebenfalls selber an. Meine 150 Sklaven wurden nach den neuesten REFA-Richtlinien straff durchorganisiert. Ich verkaufe seit zwei Wochen schon unter Selbstkosten, habe also nicht einmal mehr den Deckungsbeitrag. Und trotzdem bleibst du im Preis drunter! Wie machst du das?«

Nasruddin zuckt die Achseln: »Ach weißt du, es ist wirklich ganz einfach. Du stiehlst die Arbeitskraft deiner Sklaven, und ich stehle Esel.«

s. auch
Gehirn-gerechtes Arbeiten, S. 45
Zitate, S. 114

Telefon

Rechnen Sie am Telefon damit, daß die ersten ein bis zwei Silben zwar gehört, aber nicht begriffen werden.

Der Anfang eines jeden Telefongesprächs ist auch ein Rede-Anfang! Deshalb gilt auch hier: Die erste(n) ein bis zwei Silbe(n) kann kein Mensch verstehen.

Sagen Sie zuerst den Gruß und dann Ihren Namen (und nicht umgekehrt). Oder aber: »Hier spricht Sowieso« oder so ähnlich. Sonst hat der Angerufene kaum eine Chance zu begreifen, wer mit ihm sprechen will.

Das ist für Sie vor allem dann wichtig, wenn Sie einen sehr kurzen Namen haben. Den versteht fast nie jemand – manchmal sogar Leute, die Sie gut kennen.

Apropos Telefon: Falls Sie viel telefonieren, könnten folgende Tips sich als hilfreich erweisen:

---

1 Sie sehen, daß Sufi-Stories zeitlos sind und der jeweiligen Epoche angepaßt werden können.

Lächeln Sie am Telefon!	I. Lächeln Sie, ehe Sie den Hörer abheben (oder ehe der Angerufene abhebt, also während es bei ihm »klingelt«). Durch das Anheben der Mundwinkel klingt Ihre Stimme anschließend auf alle Fälle heller und freundlicher!
Halten Sie Ihre Versprechen!	2. Gehören Sie zu den Menschen, die ein Versprechen (»Ich rufe Sie nachher gleich zurück«) ernst nehmen? Dann gratuliere ich Ihnen. Sie sind nämlich eine Ausnahme! Man kann sich viel guten Willen verscherzen, wenn man jemanden hängen läßt, vor allem, wenn der andere heute einen **Rückruf erwartet – Ihren** nämlich!
Bauen Sie Eselsbrücken beim Durchgeben von Informationen!	3. Wenn Sie Namen (Personen-, Orts-, Straßen-Namen) am Telefon durchgeben müssen, können Sie eine Menge Mißverständnisse vermeiden, wenn Sie Eselsbrücken bauen (statt jeden Buchstaben einzeln mit den entsprechenden Code-Worten durchzugeben). Außerdem ist das »Basteln« von Eselsbrücken ein hervorragendes Training zum gehirngerechten Denken! Zum Beispiel: »Erntek – wie die Ernte auf dem Feld, aber am Ende ein K (wie Kaufmann)«, oder: »Guttman – wie ein guter Mann, **aber** in der Mitte zwei Theodor und am Ende nur ein Nordpol.«[1]

Tell the people ...?

Super-Formel	Es gibt eine amerikanische Super-Erfolgs-Formel, die angeblich für jede Rede paßt. Sie ist ganz einfach!

»Tell the people what you are going to tell them, then tell them, then tell them what you told them!« (»Sag den Leuten, was du ihnen sagen wirst, dann sag es ihnen, und dann sag ihnen, was du ihnen gesagt hast!«)

---

1   vgl. BIRKENBIHL: *Stroh im Kopf?*, s. Literaturverzeichnis ab S. 180.

FORMULIERUNG

= die FORM, die
wir unseren Gedanken
geben.

Diese Formulierung mag überspitzt sein, aber im Zweifelsfalle ist es immer besser, Ihre Zuhörer wissen genau, worüber Sie reden werden. Was nützt es, wenn Sie (vielleicht sogar brillante) Einzelgedanken aneinanderreihen, aber hinterher weiß keiner so recht, was das Ganze eigentlich sollte?

Fallbeispiel

> Zwei Leute unterhalten sich über eine Rede, die gestern abend gehalten worden war. Der eine hatte sie gehört, der andere nicht.
> Sagt der, der sie nicht gehört hat: »Wie lange hat die Rede denn gedauert?«
> Der andere: »Über eine Stunde.«
> Der erste: »War es interessant?«
> Antwort: »O ja, absolut faszinierend.«
> Der erste: »Und worüber hat der Redner gesprochen?«
> Darauf der andere: »Tja, das war dem Referat leider nicht zu entnehmen!«

Thema finden

Es folgen drei Fragen, die Sie jederzeit zur Grundlage Ihrer Überlegungen machen können, wenn Sie ein Thema suchen.

1. Zielgruppe?

Frage 1: Wer ist die Zielgruppe, bzw. welche Themenkreise sind für diese Menschen von besonderem Interesse?

Fallbeispiel:

Ich soll vor 600 Unternehmern und Top-Managern bei einem Kongreß sprechen, und man bittet mich um einen Themenvorschlag in Richtung Motivation, Management, Selbstmanagement, Kommunikation usw. Ich erfrage, was das Fachgebiet der anderen Referenten ist? Antwort: viel elektronische Medien, Bankwesen, Exportinformation, Export. Ich frage rück, und nun stellt sich heraus, daß Export sogar ein Schlüsselthema werden wird. Also könnte ein Aspekt der Kommunikation für diese Teilnehmer von besonderem Interesse sein, nämlich interkulturelle oder sprachliche Aspekte bzw. Unterschiede in der Mentalität.

2. Welcher Aspekt?

Frage 2: Welcher Aspekt dieses Themenkreises ist mir bereits am vertrautesten? Das heißt: Wo ist meine Plattform bereits ziemlich groß? Oder: In welchem Aspekt könnte ich mich notfalls rechtzeitig noch tiefer einarbeiten?

Antwort in diesem **Fallbeispiel:**

Sprachliche und körpersprachliche Aspekte[1] der Verhandlungssituation mit Nicht-Deutschen bzw. Nicht-Europäern.

3. Welche Information oder Botschaft?

Frage 3: Welche Information oder Botschaft kann ich dieser speziellen Zielgruppe anbieten, die diesen Menschen einen

---

1 vgl. BIRKENBIHL: *Signale des Körpers*, s. Literaturverzeichnis ab S. 180.

Denk- oder Handlungsanreiz gibt, der auch nach dem Referat noch wirkt?

Antwort im **Fallbeispiel:**

Einige wenige konkrete Ideen, z.B. drei sprachliche oder drei körpersprachliche Tips, die man **sofort** in die Praxis umsetzen kann.

So oder ähnlich können Sie Ihre Rede auf Ihr Publikum und seine Bedürfnisse abstimmen.

Eine Rede ohne Rücksicht auf das spätere Publikum vorbereiten ist wie ein Buch schreiben, ohne zu wissen, wen Sie damit erreichen wollen.

s. auch
Publikum, S. 62
Wissensplattform, S. 107
Zielgruppe, S. 112

Thinking on your toes

Haltung

Diese Redewendung beschreibt einen hochinteressanten Aspekt der Körpersprache, genauer: Ihre Haltung. Wenn man im Stehen aktiv, hellwach und flexibel denken können will, begibt man sich (meist unbewußt) in eine federnde, fast wippende Haltung, fast so, als wolle man im nächsten Moment auf den Zehen stehen. Dadurch wird man hellwach, man kann sehr schnell reagieren, und man ist höchster Bereitschaft, auf alles, was jetzt kommen mag, einzugehen.

Der Begriff *thinking on your toes* leitet sich von dieser Körperhaltung her. Es geht dabei jedoch mehr um die geistige Haltung der »wachen, entspannten Flexibilität«. Diese Fähigkeit des *thinking on your toes* wird z.B. durch die Sprech-Denk-Übung trainiert.

s. auch
Basisübung Sprech-Denken in Teil II, S. 123

Toleranz

Attenborn:[1]

Wie erreicht es ein überzeugter Redner, der auch andere zu überzeugen vermag, daß er in der Diskussion noch flexibel reagieren kann – flexibel im Sinne von Toleranz oder Liberalität? Flexibel in dem Sinn, daß man außer der eigenen Meinung, zu der man doch voll stehen soll, auch einen anderen Standpunkt gelten lassen kann?

Trainer:

Was unterscheidet denn einen Fanatiker von einem liberalen Denker? Der Fanatiker hat die Art von Überzeugungskraft, die nur mitreißt, solange man **nicht** mit ihm diskutieren will,

1 s. Fußnote auf S. 27.

solange man seine Aussagen nicht in Frage stellt. Richtig? Was der Fanatiker auslebt, ist also keine geistige Flexibilität!

Hoffmann: Ja, ja, das ist gefährlich! Das Gefühl, daß man selbst als einziger die Wahrheit kennt und sie jetzt anderen mitteilt.

Clausen: Und wehe, das Gegenüber ist nicht bereit zuzustimmen!

Trainer: Worauf ich hinauswill, das ist die grundsätzliche Einstellung: Wie reagieren wir, wenn jemand widerspricht? Neigen wir dazu, jedem zumindest verbal die berühmte Keule des Neandertalers überzuziehen? Dann sind wir natürlich wenig flexibel. Oder gestehen wir einem anderen grundsätzlich zu, eine Sache anders zu sehen als wir? Das ist Teil unserer Einstellung anderen Menschen gegenüber. Diese Einstellungen sind Teil unserer Persönlichkeit und somit auch Teil der Wissensplattform, auf der wir als Redner sozusagen stehen.

Was will ich eigentlich mit meiner Rede bewirken?

Zielstellung Diese Überlegung kann sehr wichtig sein, denn wie oft ist es ausdrücklich Teil unserer Zielstellung, mit unserer Rede die Meinung von unseren Hörern zu verändern?

Wenn ich aber selbst nicht bereit bin, meine Meinungen in Frage zu stellen, darf ich das von den anderen fordern?

Flexibilität Die grundsätzliche Bereitschaft, auch über eigene Meinungen und Standpunkte neu nachzudenken, erhöht die geistige Flexibilität. Es leuchtet auch ein, daß eine hohe Flexibilität es uns eher ermöglicht, auf unvorhergesehene Fragen oder Geschehnisse intelligent zu reagieren.

s. auch
Angriffe, S. 27
Überzeugungskraft, S. 98
Wissensplattform, S. 107
ZWEI-nigung, S. 116

Training

rhetorische
Probleme?

Lassen Sie mich mit einer Aussage beginnen, die Sie vielleicht verwundert: 80% sogenannter rhetorischer Probleme sind überhaupt keine rhetorischen Probleme! Denn die Grundregel für Rhetorik lautet: **Reden lernt man nur, indem man redet.**

Dies gilt zunächst für das Kleinkind, und es gilt wieder, wenn Sie lernen wollen, besser zu reden als bisher.

Training

Besser reden lernt man nur, indem man durch Training ständig besser wird. So banal[1] dies klingt, so wichtig ist dieser Zusammenhang. Deshalb erreichen manche Redner, die vielleicht nicht besonders begabt waren, mit Training weit mehr als mancher Begabte, der die notwendige Disziplin zum Üben **nicht** aufbringt. Und da sehr viele Teilnehmer bei Rhetorik-Seminaren diese Disziplin in der Vergangenheit noch nicht aufgebracht hatten, glauben sie fälschlicherweise, sie hätten **rhetorische** Probleme.

Nachteil

Dies hat einen **Vor-** und einen **Nachteil**. Der **Nachteil** ist der, daß sie bisher **unnötige** Angstgefühle erlitten haben und daß sie sich möglicherweise per selbsterfüllende Prophezeiung immer wieder bewiesen haben, wie unfähig sie (angeblich) seien. Das können Sie ändern!

Vorteil

Der **Vorteil** liegt darin, daß Sie in **kurzer Zeit** (nach den ersten Übungen bereits) merken, um wieviel sicherer Sie werden, wenn Sie einige Spielregeln guter Rhetorik anwenden lernen. Man könnte auch sagen: In gewisser Weise gleicht das Reden (und damit meinen wir immer sowohl einen Vortrag als auch jede wichtige Aussage im täglichen Leben) dem Radfahren. Sie erwerben Fertigkeiten, die Ihnen niemand mehr nehmen kann. Wer einen bestimmten Aspekt der Rhetorik einmal beherrschen gelernt hat, kann **nie wieder** in den Zustand zurückkehren, in dem er sich vor Beherrschung dieses Aspektes befunden hatte.

1 vgl. *Banalitäts-Test*, S. 19.

Daher ist die Zeit und Mühe, die Sie darauf verwenden, im wahrsten Sinne eine Investition: in die gesamte Zukunft Ihres weiteren Lebens nämlich.

Erst die Vorbereitung schafft die Fähigkeit, auf Unvorhergesehenes, seien dies nun Mikrophon-Probleme, ein umfallender Flip-Chart, ein allgemeiner Stromausfall oder Zwischenrufe, flexibel zu reagieren. Und diese Flexibilität wird maßgeblich von Ihrem Training beeinflußt sowie von der Größe der **Wissensplattform**, auf der Sie stehen.
In jedem Fall sollten Sie gründlich überlegen, welche **Trainingsmöglichkeiten** Ihnen offenstehen.

1. Mental-Training   **Zum einen** können Sie Mental-Training durchführen. Das geht sogar unterwegs, im Auto oder bequem im Liegestuhl auf der Terrasse oder vor dem Einschlafen.

2. Kassetten-Training

Zum zweiten können Sie einzelne Übungen auf Kassette aufzeichnen. Lesen Sie dazu in Teil II unter *Basisübung Sprech-Denken* auf S. 123 nach.

3. Spiegel-Training

Zum dritten können Sie ab und zu einmal vor dem Spiegel etwas ausprobieren.

4. Video-Training

Und **zum vierten** ist früher oder später ein wenig Video-Training unerläßlich. Ob Sie dies allein zu Hause durchlaufen wollen, im Kreise einiger Freunde oder aber in einem richtigen Seminar, das müssen Sie entscheiden.

Es läuft immer wieder darauf hinaus, die meisten angeblichen Rhetorik-Probleme sind gar keine. Entweder es mangelt an der Vorbereitung im Sinne des Sammelns von Wissen oder an der detaillierten Strukturierung der Rede. Und/oder es mangelt am Training für den eigentlichen Auftritt, so daß die notwendige Sicherheit, um das Lampenfieber zu überbrücken, nicht gegeben ist. All das sind keine rhetorischen Probleme, denn all das kann man in den Griff bekommen, wenn man wirklich will.

Merke: Kein Referat wird am ersten Tag seines Entstehens so gut, daß es nicht möglich wäre, es noch zu verbessern. Erst wenn man einen Vortrag mehrmals von Kassette angehört bzw. ihn bereits häufig gehalten hat, real oder im Sinne des Mental-Trainings, dann wird er wirklich glatt.

s. auch
Mental-Training, S. 59
»Steine im Fluß«, S. 78
Video, S. 100
Vorbereitung, allgemeine, S. 102
Wissensplattform, S. 107

Überzeugungskraft

Überzeugungs-
kraft ist eine
KRAFT

Die Fähigkeit zu überzeugen hängt maßgeblich von folgenden Faktoren ab:

1. Wie überzeugt sind Sie selbst (denn Ihre innere Einstellung teilt sich ohne Worte mit)?
2. Wie sehr liegt Ihnen daran, andere zu überzeugen?
3. Sind Sie von der Frage persönlich betroffen (oder handelt es sich eher um eine »theoretische Idee«, die Sie intellektuell gut finden)?

Sie müssen selbst überzeugt sein, um andere zu überzeugen. Es wurde noch kein Mensch mit Fakten allein überzeugt!

Leider lassen wir uns im Alltag immer wieder dazu hinreißen, zu Themen »überzeugen« zu wollen, bei denen diese Aspekte nur schwach ausgeprägt sind. Sie können sich sehr leicht selbst »ertappen«, wenn Sie feststellen, wie oft Sie im Begriff sind, jemanden zu »überreden« (oder Ihren Gesprächspartner »überrollen« zu wollen). Wenn Sie dies merken, halten Sie inne, und fragen Sie sich, warum Sie glauben, diese »Überzeugungsarbeit« leisten zu »müssen«. Oft stellt sich heraus, daß Sie die Meinung eines Chefs (oder von politischen »Freunden«) transportieren sollen, die Sie letztlich nicht wirklich teilen.

s. auch
Beziehungs-Ebene, S. 34
Publikum, S. 62
Toleranz, S. 93

Upanishaden

Die folgenden zwei Geschichten sind im alten Indien entstanden und sind ausgezeichnete Beispiele für die Macht von Gleichnissen.

Zwei Beispiele:[1]

Story Nr. 1:

Ein JNANI (= einer, der Gott kennt) und ein PREMIKÄ (= einer, der Gott liebt) wandern durch einen Wald.

Plötzlich taucht ein Tiger auf.

Der, der Gott liebt, will fliehen. Aber der andere hält ihn zurück: »Ich kenne Gott«, sagt er, »und ich weiß, daß er uns beschützen wird!«

Da aber erwidert der andere: »Zwar kenne ich Gott nicht so gut wie du, aber ich liebe ihn. Deswegen möchte ich es ihm leichter machen, mir zu helfen.«

Story Nr. 2:

Einst schuf Brahman die Welt. Dann beobachtete er diese Welt Jahrmillionen lang und erfreute sich an seiner Schöpfung. Schließlich aber begann er, sich zu langweilen. Deshalb dachte er sich ein Spiel aus: Er spielte Versteck mit sich selbst. Da aber Brahman allmächtig ist, konnte er sich so gut verstecken, daß er Jahrtausende brauchte, um sich wiederzufinden. Dann versteckte er sich erneut.

Daher wissen wir heute nie, wo er sich zur Zeit gerade befindet. Er kann in jener Vase dort sein oder im Baum im Garten. In der Musik, die du gerade hörst, oder in dir, wer weiß?

s. auch
Stories, S. 86

---

1   Beide Stories stammen aus BIRKENBIHL: *Freude durch Streß*, s. Literaturverzeichnis ab S. 180.

Video

Hoffmann[1]:	Sollte man eigentlich vor dem Spiegel üben, wegen der Gestik und so? Was halten Sie davon?
Trainer:	In der letzten Trainingsphase zu einem speziellen Stichwort kann das hilfreich sein, wenn Sie wollen. Aber erst, wenn das Formulieren **dieser** Gedankengänge Ihnen nicht mehr schwerfällt.
Clausen:	Und was halten Sie von Video-Training?
Trainer:	Man kann auch mit einer Videokamera arbeiten.
Rollo:	Gibt es grundlegende Unterschiede, abgesehen davon, daß ich mich bei Spiegeltraining SOFORT sehe?
Trainer:	Bitte bedenken Sie: Spiegel- und Kameratechnik bieten Ihnen unterschiedliche Vorteile. Im Spiegel sehen Sie sich spiegelverkehrt, auf dem Bildschirm jedoch seitenrichtig.
Rollo:	Ist das so wichtig?
Trainer:	Nun, Sie wissen, daß unsere beiden Gesichtshälften (wie auch unser ganzer Körper) nicht hundertprozentig symmetrisch sind.
Hoffmann:	Deshalb mag ich mich auf vielen Fotos nicht, die aber allen anderen ganz gut zu gefallen scheinen. Ich sehe da nämlich anders aus als im Spiegel.
Trainer:	Genau! Angenommen, Sie üben vor dem Spiegel etwas, was Sie für ein besonders einnehmendes Lächeln halten ...
Hoffmann:	Klar, das könnte auf andere ganz anders wirken. Das kann man mit einem Dia gut prüfen.

1   s. Fußnote auf S. 27.

Clausen: Ja, wenn Sie eine Großaufnahme Ihres Gesichtes einmal richtig und einmal verkehrt an die Wand projizieren. Meinen Sie das, Herr Hoffmann?

Hoffmann: Ja. Ich habe das einmal in einem Seminar miterlebt, und der Effekt war wirklich verblüffend.

Trainer: Der Nachteil des Spiegels ist der Vorteil der Kameratechnik, weil Sie sich ja auf dem Bildschirm so sehen, wie andere Sie wahrnehmen. Der zweite Aspekt bei der Spiegelarbeit ist der, daß Sie während der Übung schon an die Wirkung denken, während Sie beim Video-Training Ihre Aufmerksamkeit auf Ihren Vortrag lenken können.

Auf der anderen Seite kann es wünschenswert sein, daß Sie sich sofort und unverzüglich beobachten können. Vielleicht wollen Sie z.B. überprüfen, wie Sie stehen, ob Sie dazu neigen, sich am Kopf zu kratzen, oder ob Sie eine andere »dumme« Angewohnheit haben.

So wie Sie lernen, laut zu sprech-denken, können Sie mit der Kamera auch allein üben. Sie brauchen keinen Helfer, der die Kamera führt. Stellen Sie die Kamera auf den Bereich ein, in welchem Sie stehen wollen, das reicht anfangs völlig.

Vergessen Sie nicht: Spiegel- und Video-Übungen stehen am **Ende** Ihres Trainings, nicht am Anfang. Das ist der Fehler mancher Rhetorik-Seminare. Da werden Teilnehmer, die weder das Sprech-Denken noch die Vorbereitung einer Rede bereits beherrschen, schon vor die Kamera gestellt und verlieren oft den Mut weiterzumachen. Wenn Sie also zu einem Seminar gehen, dann wäre es optimal, zuvor alle in diesem Kurs angebotenen Übungen zu durchlaufen, es sei denn, Ihre Ausgangsbasis ist bereits relativ professionell.

s. auch
Gewohnheiten, dumme, S. 48
Training, S. 95

Vorbereitung, allgemeine

Im Alltag reden wir ohne besondere Vorbereitung drauflos. Aber da sagen wir meist, was wir gerade denken, im Gegensatz zu einer offiziellen Situation, in der man eine bestimmte Art von Aussage (oder gar Rede) von uns erwartet.

Die meisten Menschen werden nervös, wenn sie wissen, daß sie demnächst eine wichtige Aussage machen sollen. Es ist ähnlich wie in der Schule, in dem Moment, als der Lehrer auf einen deutete, und alle warteten, was man jetzt sagen würde.

Wie kann man diese Formlierungsprobleme überwinden? Die Antwort klingt furchtbar banal:[1] Das hängt von der Vorbereitung ab. Unser Erfolg steht und fällt mit unserer Bereitschaft, im Vorfeld Zeit zu investieren. Allerdings sollten wir zwischen **zwei Arten der Vorbereitung** unterscheiden, einer **speziellen** und einer **allgemeinen**.

Die **spezielle Vorbereitung** bezieht sich auf konkrete Inhalte **dieser** geplanten Rede, im Gegensatz zur **allgemeinen Vorbereitung**.

Anscheinend geben sich viele Menschen mit einem gefährlichen Halb- oder Viertelwissen zufrieden, weil unser Schulsystem uns nicht wirklich lehrt, den Dingen auf den Grund zu gehen. Wir erfahren **einen** möglichen Grund für irgend etwas und hören auf, nach weiteren zu suchen. Wir errechnen **eine** Lösung zu einem Problem und halten sie auch gleich für die optimale. Daher sind es leider oft gerade die Lieblingsthemen, bei denen man sich phänomenal blamieren kann, wenn man Aussagen macht, ohne den nötigen Fundus zu besitzen, aus dem man schöpfen könnte. Was natürlich peinlich werden kann, wenn unsere Hörer mehr wissen und es merken.

1   vgl. *Banalitäts-Test*, S. 19.

Trainer:[1]　Was die allgemeine Vorbereitung angeht, so stelle ich immer wieder fest, daß ein Großteil meiner Rhetorik-Seminar-Teilnehmer – überwiegend Manager – zwar über Fach- und Spezialwissen verfügt, aber daß viele von ihnen beschränkte Schmalspur-Experten sind. Wobei ich das Wort »beschränkt« nicht beleidigend, sondern ganz wörtlich meine. Es sind ihnen nämlich **Schranken** gesetzt. Dies wäre nicht so schlimm, wenn sie sich darauf beschränken würden, ihre Reden oder Aussagen auf dieses Spezialwissen zu begrenzen, aber sie tun es nicht.

Clausen:　Das heißt, daß ihnen oft die Wissensplattform fehlt, von der aus sie zu sprechen glauben?

Trainer:　Genau. Dadurch aber sind sie anderen Diskussionspartnern, die zu diesem Aspekt mehr wissen, hilflos ausgeliefert. Nun hatte Herr Hoffmann vorhin angedeutet, daß viele Menschen Lieblingsthemen haben, zu denen sie oft und sogar flüssig Stellung nehmen, aber man darf natürlich nicht von der unzulässigen Schlußfolgerung ausgehen, flüssiges Reden wäre bereits einem qualifizierten Inhalt gleichzusetzen. Sie kennen den Typ »brillanter Schwätzer«? Gerade Äußerungen zu den sogenannten Lieblingsthemen gehen oft mit erschreckend wenig Sach- oder Fachkenntnis einher.

Wir können sagen, daß hinter jeder Aussage, die rhetorisch gut aufgebaut ist, eine Vorbereitung steckt. Aber es gibt grundsätzlich zwei Arten der Vorbereitung, eine spezielle und eine allgemeine.

Je weniger Wissen im Sinne der **allgemeinen Vorbereitung** Sie für Ihr Referat vorher bereits besitzen, desto intensiver muß die s**pezielle Vorbereitung** sein. Übrigens: Je mehr ich über eine Sache weiß, desto leichter fällt mir auch die **Gliederung** meiner Rede!

Viele Seminarteilnehmer haben die Sorge, daß ihre Rede nach gründlicher Vorbereitung angelernt wirken könnte. Diese Wirkung ergibt sich jedoch paradoxerweise gerade bei **ungenügendem** Training. Wer Lampenfieber hat, wirkt vielleicht spontan nervös, aber nicht spontan im Sinne von frei!

1　s. Fußnote auf S. 27.

Hoffmann:	Sie meinen also im Ernst, man sollte seine Rede vorher üben, sprich mutterseelenallein, also im Sinne eines prolongierten Selbstgespräches, üben, das zu sagen, was man später sagen will?
Rollo:	Da käme ich mir aber superkomisch vor!
Trainer:	Eben darum bereiten sich zu wenige Redner (das gilt auch für viele Dozenten und Verkäufer) richtig vor. Sie alle haben das Problem, daß man mit sich allein nicht gern laut spricht. Aber bitte überlegen Sie zweierlei: **Erstens:** Jeder Schauspieler und jeder wirklich professionelle Redner hat irgendwann einmal gelernt, diese Scheu zu überwinden. **Zweitens:** Wenn Sie Ihre Rede auf Tonband oder Kassette aufzeichnen, wird es weit leichter, denn jetzt ähnelt die Aufgabenstellung der Situation, die Hunderttausende von Leuten täglich erleben, wenn sie nämlich in ein Diktiergerät sprechen, ohne sich dabei komisch vorzukommen.
Rollo:	Das stimmt, ich diktiere oft unterwegs. Sogar im Auto. Aber anfangs kam ich mir schon komisch vor.
Trainer:	Das Schlüsselwort ist »anfangs«, nicht wahr?
Rollo:	Stimmt!

s. auch
Gehirn-gerechtes Arbeiten, S. 45
Stegreifrede, S. 78
»Steine im Fluß«, S. 78
Training, S. 95
Vorbereitung, spezielle, S. 105
Wissensplattform, S. 107

Vorbereitung, spezielle

Natürlich soll der Redner nicht jede Geste vorausplanen. Aber er sollte bei Aussagen, von denen er vorher schon weiß, daß er sie machen will, sein späteres Publikum genügend respektieren, daß er sich vorbereitet.

Abgesehen davon gibt es bestimmte Aspekte, die vorher genau geplant werden **müssen**. Wenn Sie z.B. Dias zeigen (oder Folien für den Overhead-Projektor gestalten) wollen, müssen Sie vorher überlegen, ob ein Tageslicht-Projektor vorhanden ist oder ob Sie das Licht wegen der Dias dämpfen wollen, wer im Zweifelsfall den Schalter bedient, und so weiter.

Sie sehen, eine professionelle Vorbereitung nimmt uns später **nicht** unsere Spontaneität, sondern sie macht uns souverän und selbstsicher.

Es ist interessant, daß die Teilnehmer meist den Planungs-Aspekt überbewerten und den Trainings-Aspekt vergessen. Darum lassen Sie mich noch einmal betonen:

flüssig
formulieren?

Wenn jemand eine Aussage, die er schon mehrmals gemacht hat, gut und flüssig formulieren kann, dann wirkt er trotzdem spontan, wenn er diese Aussage wirklich meint!

s. auch
»Steine im Fluß«, S. 78
Stichpunkte, S. 84
Training, S. 95
Vorbereitung, allgemeine, S. 102
Wissensplattform, S. 107

Vorgefaßte Meinungen (Vorurteile) der Zuhörer/innen

Sie wissen, Ihr(e) Zuhörer(innen) ist (sind) anderer Meinung?

Zeigen Sie keinesfalls bereits in der Einleitung, daß Sie vorhaben, diese festgeformten Meinungen anzugreifen. Sonst schalten Ihre Gesprächspartner auf Abwehr und hören Ihnen nicht mehr zu. Schließlich wird kein Mensch mit Fakten allein überzeugt! Es besteht die große Gefahr, daß man zwar die Diskussion gewinnt, darüber aber das Wohlwollen der Zuhörer (oder des Verhandlungspartners) verliert.

s. Fallbeispiel, S. 136–142 Nehmen wir ein Fallbeispiel aus dem Seminar. Unser Seminarteilnehmer Herr Rollo will seine Vorgesetzten davon überzeugen, daß die Firma bei einer bestimmten Messe vertreten

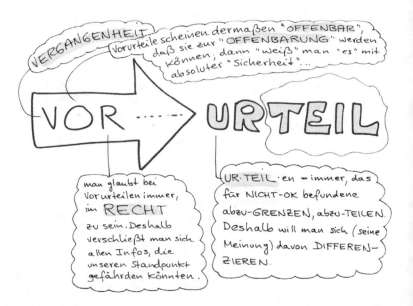

sein sollte s. Teil III, *Gliederung einer Rede*, S. 136–142. In seinem Fall wäre es z.b. möglich, mit einer **Frage** zu beginnen, und zwar mit einer Frage, die sich auf **ein** Argument im Hauptteil seiner Rede bezieht.

fragen statt sagen

Das könnte die Kostenfrage sein. Er könnte den Vorstand durch eine **Frage** daran erinnern, wie teuer die Vorführungen vor Ort sind. Natürlich wäre dies eine rhetorische Frage (auf die man keine Antwort erwartet), die das Denken reizen soll. Denkbar wäre z.b. die Formulierung: »Meine Herren, würde es Sie interessieren, wie wir den Preis einer Vorführung (zumindest zeitweise) um ca. 30 % reduzieren können?«

s. auch
Aktivierung des Publikums, S. 23
Angriffe, S. 27
»Steine im Fluß«, S. 78
ZWEI-nigung, S. 116
Standard-Schema in Teil III, S. 136

Wissensplattform

Allgemeinbildung

Ihr Allgemeinwissen wird für Ihre Rede genauso wichtig wie frühere Erfahrungen, die Sie gemacht haben.
Dabei sollten wir vielleicht etwas differenzieren. Je länger Ihr Referat ist (bzw. Ihr Seminar), desto wichtiger ist, daß Sie weit mehr wissen, als Sie sagen werden. Aber auch bei Mini-Reden (z.B. wichtigen Aussagen in Gesprächen oder Verhandlungen) sollte meines Erachtens immer weit mehr Wissen vorhanden sein, als derzeit in Worte gefaßt wird, wenn Sie souverän und selbstsicher agieren möchten.

Trainer:[1]	Wir sprachen schon darüber: Man kann eine Aussage um so sicherer formulieren, je häufiger man diese Aussage in der Vergangenheit bereits gemacht hat.
Rollo:	Reden lernt man nur durch Reden!
Hoffmann:	Deshalb müßte sich das Lieblingsthema zum Üben sehr gut eignen, weil man hier natürlich auch schon eine Menge weiß, so daß man sich auf die Art des Vortrages selbst konzentrieren kann.
Trainer:	Richtig! Alles, was Sie bereits wissen, stellt quasi eine Plattform dar, auf der Sie sicher stehen können. Bitte stellen Sie sich diese Plattform ganz bildlich vor. Jeder Redner steht auf dieser Plattform. Je größer sie ist, desto leichter wird der Rest. Je größer diese Plattform ist, desto größer ist auch die Sicherheit, mit der man frei formulieren kann, wenn es darauf ankommt.

Kleine Wissens-
plattform
→ wenig Sicher-
heit
(lernt "schwer"
Neues)

große Wissens-
plattform
→ viel Sicherheit
(lernt "leicht"
Neues).

---

1 s. Fußnote auf S. 27.

Trainer:[1] Wenn Sie also wissen, daß Sie demnächst zu einem Thema Stellung beziehen sollen, fragen Sie sich vorher, ob Sie für dieses Thema zu diesem Zeitpunkt wirklich schon eine Plattform haben, auf der Sie sicher stehen können. Wenn nicht, dann wirken Sie weit souveräner, wenn Sie die Rede nicht halten, als wenn Sie es tun.

Ich möchte das einmal wie folgt verbildlichen:

Inhalt Die Fläche einer Streichholzschachtel soll den Inhalt Ihrer Rede symbolisieren, und zwar inklusive Einleitung und Schluß. Nun nehmen wir ein Blatt Papier – ein DIN-A4-Blatt!

Hintergrund-wissen Diese Fläche soll Ihr Hintergrundwissen, also Ihre Plattform darstellen. Wenn die Relation zwischen dem, was Sie wissen,

Relation und dem, was Sie tatsächlich sagen, ungefähr so aussieht, dann haben Sie die notwendige Flexibilität, um später in aller Ruhe auf Fragen einzugehen.

Je größer das NICHT ausgesprochene HINTERGRUND-WISSEN, desto mehr "Gehalt" und TIEFE hat der "VORTRAG"

HINTERGRUNDWISSEN

heute vorgetragene Info

Bitte denken Sie an Menschen, die Ihnen aufgrund ihres Wissens in der Vergangenheit imponiert haben! War es nicht so, daß solche Leute auf fast jede Frage intelligent reagieren konnten, indem sie quasi »beiläufig« weitere faszinierende Gedanken zu ihrem Thema äußerten? Das soll unser Vergleich symbolisieren.

Übrigens werden, wenn Fragen kommen, fast alle »neben« der Information (Streichholz-schachtelformat) »landen«, aber IN Ihrem Hinter-grundwissen. Das macht Sie souverän ...

Ob es unrealistisch ist, eine derartige Relation zwischen Plattform und Rede zu fordern, das müssen Sie selbst entscheiden! Sie können natürlich auch sagen, daß Ihnen die Relation zwischen der Streichholzschachtel und einem DIN-A5-Blatt genügt. Oder zwischen der Streichholzschachtel und einer Postkarte. Aber die besten Referate oder Präsentationen sind meines Erachtens immer diejenigen, bei denen man sich in der Vorbereitung nicht fragt, was man alles erzählen kann, weil man das gegenteilige Problem lösen muß. Wenn ich nämlich aus einer langen Liste möglicher Punkte aus Zeitgründen einen nach dem anderen streichen muß, dann habe ich das nötige Hintergrundwissen!

Wenn Sie aktiv mitarbeiten wollen, dann denken Sie jetzt bitte über die folgenden Fragen nach. Wenn Sie dabei wirklich etwas über sich erfahren wollen, dann notieren Sie Ihre Antworten auf einem Extrablatt, **ehe** Sie weiterlesen.

Drei wichtige Fragen, die Ihnen helfen werden

Wie die meisten Menschen haben sicherlich auch Sie ein oder einige spezielle Themen, welche Sie, und zwar schon seit langem, besonders interessieren.

Frage 1: Lieblingsthema?

Frage Nummer eins: Welches ist ein ganz besonderes Lieblingsthema, zu dem Sie sich häufig äußern?
Die meisten Themenbereiche werden nicht nur durch subjektive Erlebnisse, sondern auch durch Daten, Fakten, Informationen, die andere zusammengetragen und erforscht haben, entwickelt.

Frage 2:
intensiv befaßt?

Frage Nummer zwei: Haben Sie sich mit diesem Thema intensiv befaßt? Haben Sie viel darüber gelesen, gehört, diskutiert usw.? Mit anderen Worten: Besitzen Sie zu diesem Thema wirklich bereits eine **ausreichende** Plattform?

Frage 3:
genügend
Wissen?

Frage Nummer drei: Wie begründen Sie diese letzte Antwort? Das heißt: Haben Sie wirklich außergewöhnlich viel über dieses Thema gelernt, gelesen, nachgedacht? Das heißt: Wissen Sie darüber wirklich mehr als Ihre Freunde, Nachbarn, Kollegen?

Zusatzfrage:

Wenn Sie die Notwendigkeit lebenslangen Lernens akzeptieren, dann stellen Sie sich noch die **Zusatzfrage**: Was wollen Sie unternehmen, um in Zukunft noch mehr über Ihr Lieblingsthema zu wissen?

In der Bhagavad-
Gita der alten
Inder steht
geschrieben: »Ein
Mensch, der nicht
mehr bereit ist
hinzuzulernen,
altert nicht anders
als ein Ochse; nur
im Körper, denn
sein Geist wächst
nicht mit!«

Finden Sie diese Fragen etwas hart? Nun ja, vielleicht sind die Antworten, die Sie sich geben mußten, etwas hart?

Überlegen Sie bitte: Früher wurde von einem Redner automatisch eine umfassende Bildung erwartet. Man war nicht nur Fachmann auf diesem oder jenem Gebiet, man befaßte sich auch mit anderen Dingen. Man las die neuesten Romane oder philosophischen Veröffentlichungen, die im Café oder am Kaminfeuer engagiert diskutiert wurden. Man ging regelmäßig ins Konzert oder in die Oper ...

Wie können Sie sich weiter informieren?

Weiterbildung

Man kann ja z.B. durch Fernseh-Sendungen viel lernen, wenn man die richtigen Sendungen auswählt. Außerdem gibt es für Leute, die nie Zeit zum Lesen haben, auch im Radio interessante und bildende Sendungen. Denken Sie z.B. an den Schulfunk, der nicht nur für Schüler von Interesse ist.

Wenn Sie wissen, daß Sie demächst zu einem Thema Stellung beziehen sollen, fragen Sie sich vorher, ob Sie für dieses Thema zu diesem Zeitpunkt wirklich schon eine Plattform haben, auf der Sie sicher stehen können. Wenn nein, dann wirken Sie weit souveräner, wenn Sie die Rede nicht halten, als wenn Sie es tun.

Ich kann mir vorstellen, daß ein interessierter Erwachsener vielleicht sogar mehr profitiert als ein Schüler, der fürchtet, später über den Inhalt eine Prüfung schreiben zu müssen.

Wenn Sie jemanden kennen, der tagsüber zu Hause ist und der Ihnen den Schulfunk oder andere informative Sendungen auf Kassette mitschneidet, dann können Sie sich diese später, z.b. unterwegs auf Reisen oder beim Gassi-Gehen (Walkman macht's möglich), in Ruhe anhören. Auf diese Weise würden Sie Ihre Allgemeinbildung vergrößern, ohne Extrazeit für Lesen oder Studieren aufwenden zu müssen.

Außerdem gibt es immer mehr Informations-Kassetten zu unterschiedlichsten Themen zu kaufen. Des weiteren könnte man sich einige interessante Buchinhalte auf Kassette lesen, was gleichzeitig ein gutes Sprech-Training wäre, und sich die Bänder später immer wieder nebenbei anhören.

Zielgruppe

Publikum

Lassen Sie uns noch einmal betonen: Eine Rede ohne Rücksicht auf das spätere Publikum vorbereiten ist wie ein Buch schreiben, ohne zu wissen, wen Sie damit erreichen wollen (vgl. *Thema finden*, S. 91). Zwar ist es möglich, alle Punkte zu notieren, um aus diesen später für spezielle Anlässe einige herauszugreifen, wenn Sie später eine **spezielle** Rede vorbereiten wollen, aber eine Pauschalrede, die immer paßt, wird niemanden »vom Hocker reißen«.

Schließlich muß der Empfänger bzw. unser Publikum berücksichtigt werden, wenn wir keine Selbstgespräche planen. Wir als Redner müssen uns darum bemühen, unsere Sprache auf die Zielgruppe abzustimmen. Wenn ich einen Vortrag vor Augenoptikern halte, kann ich von »Astigmatismus« reden. Aber wenn der Optiker diesen Begriff gegenüber einer Rent-

nerin erwähnt, dann wird sie sich höchstwahrscheinlich kein
»Bild« machen können.

Außerdem: Wenn ich nicht weiß, welches **Vorauswissen** dieses Publikum mitbringt, weiß ich ja nicht, ob ich bei Adam und Eva anfangen muß oder bei der Arche Noah oder ob ich sogar den Tempelbau in Jerusalem als bekannt voraussetzen kann. Im Verkaufs- oder Beratungsgespräch können wir meistens sehr bald feststellen, welche Vorkenntnisse unser Gegenüber besitzt, falls wir mit Fragetechnik arbeiten und den armen Menschen auch etwas sagen lassen.

Eine Rede wird im Hinblick auf die spezielle Gelegenheit und auf das zu erwartende Publikum geplant. Fehlt die sogenannte Zielgruppen-Analyse, dann kann es zu schlimmen Pannen kommen.

So ganz genau können Sie natürlich nie wissen, was die Leute wissen. Das heißt: Das Problem ist nicht hundertprozentig zu lösen. Aber wenn Sie im Zweifelsfall Ihre **digitale Information** (also die Worte fürs linke Hirn) mit **analogen Informationen**, z.B. einem Bild (fürs rechte Hirn), unterstützen, wenn Sie also Ihre Information gehirn-gerecht aufbauen, dann ist die Chance, daß Sie jeder versteht, weit größer.

Des weiteren sollten Sie wissen, »wer« da sitzt. Je mehr Sie über Ihr Publikum wissen, desto exakter können Sie Ihre Rede auf **diese** Menschen (oder diesen Gesprächspartner) zuschneiden. Wir sprechen hier von der **Zielgruppen-Analyse**.

Fallbeispiel

Ich hielt, das muß so 1974 gewesen sein, ein Referat für den Verein Deutscher Elektroingenieure. Ich hatte zuvor einige Vorträge für den Verein Deutscher Ingenieure gehalten und zog den unzulässigen Schluß, die beiden Zielgruppen wären wohl ähnlich gelagert. Das heißt, ich unterließ eine genaue Zielgruppen-Analyse. Nun hatte ich am Nachmittag jenes Tages einen herrlichen Beamten-Witz gehört und wollte mein Referat damit eröffnen. Ich kam jedoch gar nicht bis zur Pointe, denn ich merkte plötzlich, daß etwas nicht stimmte. 250 Augenpaare starrten mich voller Haß an! Wenn Blicke töten könnten, wäre ich auf der Stelle tot umgefallen! Ich unterbrach mich selbst. Niemand atmete! Ich sagen Ihnen: Die Spannung war direkt zum Greifen!

Fallbeispiel
Fortsetzung

Wie ich später erfuhr, waren die Mitglieder dieses VDE zu 90 % verbeamtet, was ich eben nicht rechtzeitig in Erfahrung gebracht hatte. Sie können sich die Situation sicher lebhaft vorstellen!

Was sollte ich tun?

Ich sagte laut und überdeutlich: »Ja, begreifen Sie denn nicht, daß jemand, der nach einem langen Arbeitstag freiwillig hierherkommt, um sich weiterzubilden, daß so jemand mit einem solchen Witz überhaupt nicht gemeint sein kann? Was ziehen Sie sich denn den Stiefel an, wenn er Ihnen nicht paßt?« Plötzlich hörte man, wie sie alle ausatmeten. Dann nickten die ersten, und auf einmal lachten und klatschten alle. Die Gefahr war vorüber. Aber es ist schon ein eigenartiges Gefühl, wenn einem so etwas passiert.

s. auch
Beziehungs-Ebene, S. 34
Publikum, S. 62
Thema finden, S. 91

Zitate

Im Zweifelsfall kann man jede Rede mit einem Zitat oder einer Anekdote beginnen, sofern man gute kennt. Auch am Ende kann man zitieren oder eine kleine Story erzählen.

Karl *Kraus*

Folgendes Karl-*Kraus*-Zitat habe ich z.B. bei Vorträgen, die mit Sprache oder Kommunikation zu tun haben, schon des öfteren benutzt:
»Man darf nicht nur keine Gedanken haben, man muß auch unfähig sein, sie auszudrücken!«

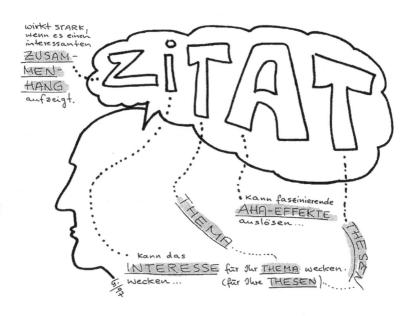

**Zitate lesen sich
zwar gut ...**

Zitate lesen sich zwar gut, aber beim Hören eines Vortrages
ist es leider oft unklar, wo das Zitat endet und der Redner
weiterspricht, insbesondere wenn er die Kunst kleiner
effektiver Pausen noch nicht beherrscht! Man könnte zwar
(wie im Radio) jedesmal sagen: »Zitat Ende« (was im
Zweifelsfall immer hilfreich ist), aber man könnte die Zitate auch eindeutig ablesen und am Ende eines solchen Kurz-
textes demonstrativ die Vorlage (Buch, Karteikarte, Zettel)
weglegen, kurz pausieren und anschließend erst weiter-
sprechen.

s. auch
Stories, S. 86
Eine Metapher: Der Lattenzaun im Anhang, S. 171

ZWEI-nigung

Let's agree
to differ
Im Englischen kann man, wenn eine Einigung nicht möglich erscheint, eine sehr elegante Variante wählen, indem man sagt: »Let's agree to differ.«

Diese Fähigkeit, sich darauf zu einigen, daß es in diesem Punkt nicht unbedingt eine Einigung im Detail geben muß, ist gerade bei Diskussionen nach Reden oder in Trainings-Situationen (von normalen Gesprächen und Verhandlungen ganz zu schweigen) sehr, sehr hilfreich und sollte meines Erachtens kultiviert werden. Deshalb habe ich das Konzept der ZWEI-nigung[1] entwickelt, welches ich Ihnen für die alltägliche Praxis – beruflich wie privat – ans Herz legen möchte!

mehr Flexibilität
Es ist unglaublich, was dieses Konzept der ZWEI-nigung im Alltag bewirken kann. Man kann plötzlich weit flexibler reagieren, wenn man innerlich auf die Möglichkeit vorbereitet ist, daß man sich ZWEI-nigen will (selbst wenn man dem Partner gegenüber diesen Begriff nie erwähnt)!

Fakten?
Die schwierigste Frage, die sich zunächst stellt, ist die, in welchen Bereichen man sich ZWEI-nigen kann. Denn wenn ich behaupte: »Hier steht ein Tisch«, und Sie widersprechen – sollen wir uns dann ZWEI-nigen? Wie sieht es jedoch aus, wenn
Meinungen?
ich behaupte, jeder Mensch habe das Recht auf Müßiggang (insbesondere wenn er sich diesen finanziell auch leisten kann), während Sie vielleicht vor »faulen Menschen« einen Horror haben? Muß man sich hier wirklich einigen? Oder darüber, ob diese Krawatte »schick« ist oder der Spinat »furchtbar« schmeckt?

---

1   ZWEI-nigung: analog der EIN-IGUNG; hier stehen ZWEI Meinungen
    gleichberechtigt nebeneinander, vgl. B1RKENBIHL: *Erfolgstraining und
    Kommunikationstraining – zwischenmenschliche Beziehungen erfolgreich
    gestalten*, s. Literaturverzeichnis ab S. 180.

Geschmack

Alle Fragen des persönlichen (auch des sogenannten »guten«) Geschmacks, alle Meinungen, philosophischen Aspekte usw. betreffen Bereiche, in denen wir anderen zugestehen sollten, anders zu denken (zu urteilen) als wir, oder? Zumindest, wenn wir uns als flexible Denker sehen wollen!

Interessanterweise stimmen viele Teilnehmer diesen Gedanken zwar in der Theorie zu, fünf Minuten später streiten sie jedoch wieder heftigst; natürlich über Fragen des Geschmacks, der persönlichen Meinung usw.

sich ZWEI-nigen

Also, es gehört mehr dazu, als mit dem Kopf zu nicken, ehe man wirklich fähig wird, sich auch in wichtigen Punkten zu ZWEI-nigen.

Dabei wird man jedoch automatisch auch ein »philosophischer Mensch«, weil man gezwungen ist, über sein Wertsystem und die eigenen Parameter (nach denen man die Aussagen/Handlungen anderer nämlich be- bzw. verurteilt) zu überprüfen. Dies ist eine gute Voraussetzung für jemanden, der sich rhetorisch verbessern will, oder für jemanden, der andere Menschen beeinflussen möchte! Übrigens: Falls Ihnen meine letzten Aussagen nicht zusagen sollten, könnten Sie gleich einmal eine Mini-Übung zur ZWEI-nigung durchlaufen, ehe Sie »entschieden abwehren« ...

innere Haltung

Ihre Fähigkeit zur »ZWEI-nigung« wird Ihre innere Haltung sich selbst und der Welt gegenüber maßgeblich mitprägen. Diese Ihre innere Haltung wird sich erstens ohne Worte mitteilen (vgl. auch die Botschaft des Clowns Grock auf S. 62), und sie wird zweitens das Klima bestimmen, in dem Sie leben!

Gedanken anbieten, nicht aufzwingen

Die Fähigkeit, sich zu ZWEI-nigen, schafft die innere Beweglichkeit, Ihre Gedanken zwar **anzubieten**, sie anderen aber **nicht aufzwingen** zu wollen. Somit können Sie total überzeugt sein und andere überzeugen, aber Sie bleiben gleichzeitig flexibel genug, um neue Informationen zu berücksichtigen, die Sie möglicherweise veranlassen können, Ihre bisherige Meinung aufzugeben.

s. auch
Angriffe, S. 27
Toleranz, S. 93
Überzeugungskraft, S. 98
Vorgefaßte Meinungen der Zuhörer/innen, S. 106

Zwischenrufe

Wie Sie auf Zwischenrufe reagieren können, finden Sie unter den Stichworten *Angriffe* und *Schlagfertigkeit* auf den Seiten 27 und 68. Eine weitere Möglichkeit, die Sie nutzen können, ist die gezielte Rückfrage.

Manchmal stellt jemand eine Frage hauptsächlich, weil er seine eigene Meinung zum besten geben will. Somit hören Sie zuerst den Standpunkt des Fragers, ehe Sie selbst Stellung beziehen, z.B. indem Sie sagen:»Das ist eine interessante Frage. Wie sehen **Sie** das?« (Hat der Zwischenrufer keine Frage gestellt, könnten Sie sagen:»Das ist eine interessante Idee – oder: ein interessanter Standpunkt, möchten Sie sie/ihn etwas genauer erläutern?«).

Merke: Es ist immer leichter, einer Aussage zu **entgegnen**, als die erste Aussage zu einem bestimmten Aspekt zu machen.

Teil II: Trainingsaufgaben

Basisübung Vorlesen

1. Gewöhnung

2. Inventur

Diese erste Aufgabe soll zweierlei bewirken:
Erstens wollen Sie sich an den Prozeß gewöhnen, mutterseelenallein mit dem Kassettengerät zu arbeiten. Hierzu ist es am besten, wenn Sie einen Text **vorlesen**.
Zweitens können Sie bei dieser Rezitationsübung eine kleine Inventur vornehmen. Das heißt, Sie wollen einige Aspekte Ihrer Art zu sprechen bewußt registrieren.

Bitte stellen Sie Ihr Kassettengerät bereit. Drücken Sie dann die Aufnahme- und die Pause-Taste.

Schritt 1

Erster Schritt: Ablesen und Aufnehmen

Für diese erste Inventur-Übung bietet sich z.B. der Text *Eine Metapher: Der Lattenzaun* (Anhang, S. 171) an, wenn Sie diesen NOCH NICHT gelesen haben. Andernfalls wählen Sie irgendeinen Text aus einem Buch, das Sie noch nicht gelesen haben, aus.
Später können Sie solche Übungen mit Ihren Lieblingsabschnitten aus Büchern (oder Artikeln) absolvieren. Aber im Augenblick geht es darum, daß Sie einen Ihnen **unbekannten** Text auf Band sprechen.

Kassetten-Übung

Lesen Sie daher den Text keinesfalls vorher im stillen durch, sondern lösen Sie bitte die Pausetaste Ihres Kassettengeräts und beginnen Sie, **sofort** laut vorzulesen.

Schritt 2   **Zweiter Schritt: Vertiefendes Lesen**

Jetzt folgt der zweite Schritt. Lesen Sie den Text bitte noch zweimal, und zwar:

* so schnell wie möglich,
* halblaut und diesmal,
* ohne diese Lesung aufzuzeichnen!

Schritt 3   **Dritter Schritt: Mental-Training**
s. Mental-Training
in Teil I. S. 59   Bitte achten Sie beim Mental-Training im dritten Schritt auf Betonungsmöglichkeiten und Pausen!

Schritt 4   **Vierter Schritt: Erneutes Vorlesen und Aufnehmen**

Entsichern Sie wieder Ihr Kassettengerät und lesen Sie den Text, so gut Sie können. Nehmen Sie diese Lesung auf.

Der Erfolg ist unüberhörbar

Hören Sie sich diese beiden Aufzeichnungen (der ersten und letzten Lesung) ruhig mehrmals hintereinander an.
Dabei
1. entwickeln Sie ein Gefühl für den massiven Unterschied zwischen der untrainierten ersten und der letzten Lesung. (Im Seminar sind die Unterschiede in der Regel enorm, teilweise geradezu »dramatisch«.),
2. überzeugen Sie sich durch Ihren eigenen hörbaren Fortschritt, mit dem Training fortzufahren. Diese erste Inventur-Übung soll Ihnen ja vor allem Appetit machen ...
3. entwickeln Sie ein Gehör dafür, wie Aussagen »klingen« können. Solche Übungen helfen Ihnen später, bei der Vorbereitung von Aussagen, die Ihnen wichtig sind, auf die

»Akustik« zu achten. Denn viele Aussagen, die sich hervorragend lesen lassen, »klingen unmöglich« (oder umgekehrt). Dieses Gefühl (das innere »Gehör«) kann man sich nicht anlesen, man muß es HÖREND erwerben.

Vergleich Wenn Sie jetzt die erste Aufnahme von Schritt eins mit der zweiten Aufzeichnung von Schritt vier vergleichen, die sich ja hintereinander auf Ihrer Kassette befinden, werden Sie überrascht sein.

Last not least kann es sein, daß Sie beim Abhören des Bandes merken, daß es Aspekte gibt, die Sie gezielt trainieren wollen (s. *Atem, Aussprache, Dialekt, Satzbau* in Teil I, S. 30, 31, 38 und 66).

Checkliste Vorlese-Übung

Das Vorlesen fiel mir schwer/leicht

Beim Abhören stört mich besonders

Ganz gelungen fand ich

Mein wichtigster Fortschritt von Schritt eins zu Schritt vier war

Hätte ich Pausen machen sollen

An meiner Art zu sprechen fällt mir auf

Basisübung Sprech-Denken

Standard-Übung

Sprech-Denken

Die nächste Übung hat nicht allein Inventur-Charakter (wie alle Aufgaben, die man zum ersten Mal durchführt), sie sollte auch eine Standard-Übung sein, die Sie Ihr Leben lang immer wieder durchführen werden (wobei jedoch die Stichworte immer wieder neu gewählt werden).
Es handelt sich um das sogenannte Sprech-Denken.

Die Anweisung ist ganz einfach. Auf ein Stichwort reden Sie los, und zwar genau eine Minute lang. Dabei benötigen Sie jedoch Selbst-Disziplin, denn Sie dürfen keine Sprechpausen machen. Wenn Ihnen gerade nichts einfallen sollte, dann sagen Sie einfach: »Jetzt fällt mir nichts ein.« Notfalls auch mehrmals hintereinander, so daß Sie während dieser Minute im schlimmsten Fall sehr oft sagen: »Jetzt fällt mir nichts ein.« Aber Sie **sprechen ständig weiter**.

* Achtung, es muß nicht unbedingt zu jedem Buchstaben eine Assoziation erdacht werden!

Legen Sie bitte Ihren Timer griffbereit (vgl. *Was dieses Buch Ihnen »bringt«*, S. 13), und bereiten Sie Ihr Kassettengerät wieder auf eine Aufnahme vor. Bevor Sie beginnen, demonstriert Ihnen unser Seminar-Teilnehmer Herr Clausen den Vorgang.

Demonstration: Sprech-Denken

Trainer:[1]	Ihr Stichwort ist »Nächstenliebe«!
Clausen:	Ach du lieber Gott! Tja, nun, also, in der Bibel steht – »Liebe dich wie deinen Nächsten.« Nun, ich glaube, daß zu viele Menschen den ersten Teil des Satzes gern vergessen, wenn sie Eigenliebe als egoistisch abtun und verdammen. Aber, äh, ... genaugenommen kann man andere nicht lieben, wenn man sich selbst nicht mag. Und überhaupt ... äh ... na, jetzt fällt mir tatsächlich nichts mehr ein ... halt, doch, was heißt denn »der Nächste« überhaupt? Ist das nur der Mensch, der zufällig in unserer Nähe ist? Oder jeder andere Mensch? Auch der, der mich vielleicht verletzt hat? Soll ich den vielleicht auch lieben? Äh, von wegen, wenn dich jemand auf die eine Wange schlägt, halte ihm die andere hin. Und ... ja, wie steht es jetzt mit der Zeit? Fast eine Minute! Reicht das?
Trainer:	So ähnlich kann sich die Basis-Übung anhören. Sie sprechen **ohne jede Vorbereitung** zu einem Thema genau eine Minute lang. Später werden Sie mit selbstgewählten Stichworten arbeiten, z.B. um bestimmte Aspekte Ihrer Rede vorzubereiten. Aber zunächst arbeiten Sie mit Überraschungs-Stichpunkten, damit Sie sehen, wie schwer oder leicht die Grundübung Ihnen fällt.
	Falls Sie gerade nicht laut üben können, möchte ich Sie bitten, die Übung zumindest einmal ohne Kassettenaufzeichnung zu

1   s. Fußnote auf S. 27.

Trainer: Fortsetzung	durchlaufen, und wenn Sie schon nicht laut sprechen wollen, dann zumindest im Sinne des Mental-Trainings durchzudenken.

> Wenn Sie bereit sind anzufangen, drehen Sie das Buch um 180 Grad, um Ihr Stichwort zu lesen und SOFORT loszusprechen.
> Ihr Stichwort ist Geburtstag.

Sprech-Denken – wozu?

Trainer:	So, erste Kommentare!
Clausen:	Also, ich hatte Probleme. Ich kam mir doch komisch vor, ohne abzulesen so allein für mich laut zu sprechen.
Attenborn:	Ich habe mir einfach vorgestellt, das wäre ein Memo, welches ich diktieren müßte, und dann ging es gar nicht so schlecht.
Rollo:	Ich habe relativ flüssig gesprochen, aber ich glaube, daß ich Stuß geredet habe.
Kien:	Genau! Entweder habe ich an das **Reden** gedacht, dann fiel mir nichts ein, oder ich konzentrierte mich mehr auf den **Inhalt**, dann kamen zwar Gedanken, aber ich vergaß, sie auszusprechen.
Trainer:	Sehen Sie, genau das meine ich! Diese Übung ist hervorragend geeignet, das Sprech-Denken zu trainieren, also das laute Nachdenken; das heißt die doppelte Fähigkeit, einerseits zu denken und gleichzeitig das Gedachte zu sprechen. Die Amerikaner nennen dies: Thinking on your toes.

»Thinking on your toes« heißt wörtlich: »Auf Zehenspitzen denken« (s. *Thinking on your toes* in Teil I, S. 93).

Sprech-Denken ist eine der wesentlichsten Grundfertigkeiten des Redens.

Man muß Sprech-Denken können, wenn man frei vorträgt, aber auch in **Diskussionen, Verhandlungen** etc. Deshalb ist das Sprech-Denken eine der wichtigsten Trainings-Aufgaben. Aber die Übung hat noch einen weiteren Zweck: Sie soll Ihnen zeigen, daß Sie laufend besser werden, wenn Sie mehrmals zum selben Thema sprech-denken. Das heißt, daß Sie jetzt **gleich ein zweites Mal üben können** (wieder zum Stichwort »Geburtstag«).

Übrigens gilt immer: Sollten Sie gerade am lauten Sprechen gehindert sein, wenn Sie üben wollen, können Sie immer »innerlich denken«, d.h. mit Kehlkopfbewegungen, nur ohne Ton. Für Ihr Unterbewußtsein »sprechen« Sie, daher geht der »Ausbau« der »Datenautobahn im Hirn« (s. *Gehirn-gerechtes Arbeiten*, S. 45) auch bei dieser intensiven Art des Mental-Sprech-Denkens weiter!

Wenn Sie gleich jetzt aktiv trainieren wollen, dann wollen – Sie vielleicht wieder auf Band sprechen?

Bitte beachten Sie: Auch wenn Sie sich albern vorkommen, bieten solche Trainingsaufzeichnungen folgende Vorteile:

ganze Sätze 1. Sie sind gezwungen, in ganzen Sätzen zu sprechen (was »innerlich« oft nicht sauber »durchgezogen« wird).

Protokoll 2. Sie protokollieren Ihre Arbeit (wie ein Wissenschaftler) und können sich später von Ihrem Fortschritt überzeugen.

Disziplin 3. Sie gewöhnen sich an die Disziplin, die das Band »fordert«.

s. auch *Training* in Teil I auf S. 95.

Sie können beim Sprech-Denken sowohl stehend als auch sitzend trainieren. Das gilt insbesondere, wenn Sie sich (später) durch solche (Vor-)Übungen auf eine reale Situation vorbereiten wollen. Ist dies eine echte Rede, bei der Sie **stehen** werden, sollten auch Sprech-Denk-Übungen zu wichtigen Schlüsselgedanken stehend geprobt werden, während Sie solche Trainingseinheiten vor einer »Sitzung«, bei der Sie sitzen werden, **sitzend** absolvieren sollten.

Diesen Mechanismus kann man auch für Prüfungen, Schulaufgaben etc. nutzen.

Den Grund hierfür liefert wieder die Gehirnforschung. Man hat festgestellt, daß zahlreiche Aspekte des jeweiligen »Umfeldes« UNBEWUSST mitgelernt werden (also auch zu Teilen der »Datenautobahn im Hirn« werden). So ließ man z.B. Taucher unter Wasser lernen und stellte fest, daß ihre Abruffähigkeit an Land nur ca. 30 % betrug. Gingen sie jedoch erneut unter Wasser, wußten sie wieder fast alles.

Praxistips

Die Übung soll Ihnen zeigen, daß Sie besser werden, wenn Sie mehrmals zum selben Thema sprech-denken.

1. Für »stehende« Vorträge stehend üben.
2. Teile von Kleidung (Schmuck, Krawattennadeln, Ringe usw.) sowohl bei den Vorbereitungen als auch »dort« (Rede, Meeting, Test) tragen.
3. Einzelne Kleinigkeiten (Füllhalter, Schreibmappe o.ä.) sowohl vorher als auch »dort« auf Tisch (Redepult) deponieren.

Training führt immer zum Erfolg

Lesen Sie nun, was unsere fünf Seminarteilnehmer[1] nach der Tonband-Aufnahme der zweiten Sprech-Denk-Übung zu sagen hatten.

Trainer: | Kommentare?

Clausen: | Also, jetzt ging es schon besser, ja!

Attenborn: | Ich glaube, ich habe mindestens zwei Sätze wortwörtlich so gebracht wie vorhin beim ersten Mal.

---

1 s. Fußnote auf S. 27.

Hoffmann:	Ja, ich habe auch ein Formulierung von vorhin wiedererkannt. Vorhin war sie am Ende, jetzt floß sie sozusagen gleich am Anfang ganz locker ein.
Rollo:	Ich muß sagen, daß ich Probleme hatte, weil mir der Begriff »Geburtstag« nicht liegt. Ich hasse Geburtstage.
Trainer:	Nun, dann könnten Sie doch engagiert gegen das, was Sie an Geburtstagen stört, Stellung beziehen!
Rollo:	Richtig! Daran habe ich gar nicht gedacht. Ich habe krampfhaft versucht, etwas Positives zu sagen.
Trainer:	Wir könnten uns vorstellen, daß wir z.B. in einer Diskussion jemandem etwas entgegnen wollen, der gerade die gegenteilige Meinung von sich gegeben hat. Also wenn Sie sich vorstellen, jemand habe sich für Geburtstage und was immer Sie daran nicht mögen, ausgesprochen, dann könnten Sie in der Übung Ihre Replik sprech-denken.

Gelegenheit zum Sprech-Denken haben Sie ständig

Übrigens können Sie diese Übung später auch mental durchführen. Allerdings gelingt dies um so besser, je häufiger Sie die Übung vorher bereits real gemacht haben.

Sie können jeden Spaziergang, den Sie allein machen, zum gezielten mentalen Sprech-Denken nutzen. Dasselbe gilt für Reisezeiten, ein langes, entspannendes Bad o.ä.

Wesentlich ist: Wenn Sie regelmäßig laut auf Kassette sprechen, dann werden solche Gedankenübungen später von der **Erinnerung** an das Sprechen begleitet sein, also mit fast unmerklichen Kehlkopf- und Zungenbewegungen einhergehen.

s. auch *Mental-Training* in Teil I, S. 59.

Sprech-Denken: Ein Spiel

spontan
sprech-denken

Mini-Reden

Wie fähig sind Sie derzeit wirklich, sich spontan zu einem Stichpunkt »sprech-denkend« zu äußern? Diese Fähigkeit ist enorm wichtig, selbst wenn Sie niemals eine »echte Rede« halten wollen. Denn erstens sind sämtliche Aussagen, die Sie machen, Mini-Reden, die Sie rhetorisch mehr oder weniger geschickt »bringen« wollen. Zweitens entspricht jede Frage, über die Sie nachdenken müssen, ehe Sie antworten können, der oben beschriebenen Situation.[1] Dies ist z.B. für Führungskräfte, Verkäufer, Berater, Lehrer, Trainer etc. tagtäglich wichtig. Aber auch als Privatperson möchten wir ja gern rhetorisch geschickt(er) sein (oder werden), oder?

---

1 vgl. *Basisübung Sprech-Denken*, S. 123.

Deshalb möchte ich Ihnen ein Spiel vorschlagen, das ich für meine Seminar-Teilnehmer/innen entwickelt habe.

Material für
Einsteiger

Material für die Einsteiger-Übung:
Ein Buch (oder eine Zeitschrift), eine Stoppuhr und eine Stecknadel

Material für Fort-
geschrittene

Material für Fortgeschrittene:
Wie oben, plus ein Würfel

Tip: Sie müssen
niemandem verra-
ten, daß dieses
»Spiel« eigentlich
ein Mikro-Training
Ihrer rhetorischen
Fähigkeiten dar-
stellt!

Spieler: Zwar kann man das Training allein durchführen und seine Reaktionen auf Kassette mitschneiden; diese könnte man später, z.B. im Auto, kritisch abhören. Aber erfahrungsgemäß raffen sich nur wenige zu einem Solo-Training auf. Also besser mit anderen spielen! Das geht bereits zu zweit, wobei jede/r jeweils die »Spielleiter/innen-Rolle« für den Spieler übernimmt, der (abwechselnd) gerade »dran« ist. Bei größeren Runden kann eine Person längere Zeit Spielleiter/in sein.

Vorgehen für Einsteiger

1. Zeit

1. Man einigt sich auf die Redezeit (Minimum eine Minute, Maximum sollte fünf Minuten nicht überschreiten). Die Tatsache, daß die Zeit exakt vorgegeben ist, hilft auch, das Zeitgefühl zu entwickeln (was insbesondere für chronische Langzeit-Telefonierer/innen einen hilfreichen Nebenaspekt darstellen kann).

2. Begriff

2. Spielleiter/in öffnet das Buch an irgendeiner Stelle und steckt die Nadel blind ins Papier. Dann schaut er/sie und nimmt das der Nadel am nächsten gelegene Hauptwort zur Kenntnis (sagt es jedoch noch nicht laut).

3. Start

3. Spieler/in bestimmt, wann er/sie sich bereit fühlt, so daß Spielleiter/in das Wort **sagen** und sofort die Stopuhr starten kann.

Hinweis Wenn gewünscht, gibt Spielleiter/in ein Zeichen vor Ablauf der heute gewählten maximalen Redezeit, z. B. nach anderthalb Minuten bei zwei Minuten Maximum.

Vorgehen für Fortgeschrittene

Kreativitäts-Steigerung als Nebeneffekt, als »Sahne auf dem Kuchen«! Hier entscheidet der Würfel, wie viele (per Stecknadel gefundene) Begriffe in dieser »Rede« sinnvoll (!!) unterzubringen sind (maximal sechs).

Diese Variante ist sehr reizvoll, weil sie Ihre flexible Kreativität gleich mittrainiert!

Angenommen, Sie sollten folgende drei Begriffe unter einen Hut bringen:
* Klebstoff
* Hund und
* Fenster.

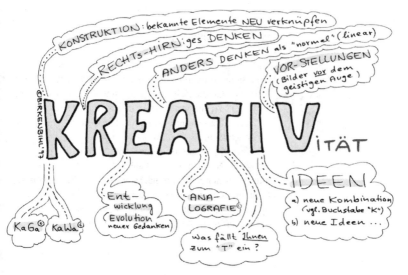

Was würde Ihnen spontan (!) einfallen?

Weg einer Nachricht

In meinen Kommunikations-Seminaren führe ich seit fast drei Jahrzehnten eine amerikanische Standard-Übung der Kommunikation durch, die noch nie vollkommen richtig gelöst wurde. Sämtliche Trainer-Kollegen, die mit dieser Übung[1] arbeiten, sagen dasselbe: Sie ist eine der besten Aufgaben, um den Teilnehmern (vor allem Führungskräften, die gern glauben, ihre Mitarbeiter seien alle demotiviert!!) »ein für allemal« vorzuführen, wie schwierig es ist, eine einfache Botschaft

* zu vernehmen (hören),
* zu begreifen und
* wieder möglichst akkurat weiterzugeben.

s. auch *Information* in Teil I, S. 51.

Der Hahn ist nicht tot

Sechs Freiwillige gehen hinaus. Dann wählt die Gruppe ein einfaches Bild aus der Zeitung, oder aber man zeichnet eins auf ein Blatt Papier.

Zum Beispiel: Ein Kopf, zwei Blumen und irgendwo die Worte: »Der Hahn ist nicht tot.«

Die Spieler werden der Reihe nach einzeln in den Raum geholt.

Spieler Eins bekommt 30 Sekunden, um sich das Bild einzuprägen. Dann wird Spieler Zwei geholt. Eins erklärt Zwei,

1   vgl. BIRKENBIHL: *Kommunikationstraining – zwischenmenschliche Beziehungen erfolgreich gestalten*, S. 263/264. S. Literaturverzeichnis ab S. 180.

was er gesehen hat. Eins setzt sich, Drei kommt. Spieler Zwei erklärt Drei, was er gehört hat usw.

Beobachtung: Obwohl man die Paraphrase geübt hat, sieht die Praxis doch so aus, daß 80 % der Spieler keine Rückkoppelung vornehmen! Die Verirrungen sind zum Teil sehr lustig. Die Zuschauer dürfen den Spielern nicht helfen.

Beste Methode für eine Bitte um Feedback: Der Sprecher schiebt sich selbst den »Schwarzen Peter« zu, d.h., er impliziert, daß er sich geirrt haben könnte. Hierbei vermeidet man, daß sich der andere bedroht (kritisiert, nicht o.k.) fühlt. Nur so wird störungsfreies Feedback immer gewährleistet.

Beispiel »Dürfte ich Sie bitten, nochmals zu rekapitulieren, damit ich sehe, ob ich Ihnen alles Wesentliche erklärt habe?«
oder: »Ich hoffe, ich habe nichts vergessen! Könnten Sie's noch einmal wiederholen, damit ich sicher bin?«
Oder so ähnlich.

Wesentlich ist, daß diese Formulierung Ihrer normalen Art, sich auszudrücken, entspricht und nicht wie auswendig gelernt klingt. (Vielleicht erscheint Ihnen das jetzt lächerlich, aber achten Sie einmal darauf, wie die Spieler das Feedback erbitten!)

Machen Sie selbst ein Experiment!

Übung Diese Übung zeigt immer wieder, daß wir uns eigentlich **nicht** so sehr wundern sollten, wenn jemand irgend etwas nicht hört (versteht), sondern das Wunder besteht im Gegenteil darin, daß wir überhaupt kommunizieren können, denn dabei **kann** immens viel »schiefgehen«.

unglaublich Ich weiß, daß dies vielen Leser/innen, die diese Übung noch nie erlebt haben, unglaublich erscheint. Deshalb möchte ich

Sie auffordern, einmal das folgende Experiment im Kasten durchzuführen.

Experiment

> Lassen Sie eine Person eine Idee (von ca. zwei Minuten Dauer) einem anderen erzählen (Kassette läuft natürlich mit). Dann gibt dieser Empfänger die Botschaft an eine dritte Person weiter, wobei Sie auch hier mitschneiden. Anschließend hören Sie die beiden Aufzeichnungen an und vergleichen sie miteinander! Sie werden Ihr blaues Wunder erleben, insbesondere wenn der erste Sender über Dinge sprach, die dem zweiten neu waren.

Eine Trainingsaufgabe für »Einzelkämpfer«

Sie können auch alleine üben.

Schneiden Sie im Radio oder Fernsehen einige Minuten lang mit (Tonkassette genügt auch beim Fernsehen). Wählen Sie hierzu eine informative (Dokumentations-)Sendung aus, zu einem Thema, über das Sie noch nicht viel wissen. Natürlich dürfen Sie keinerlei Notizen machen! Anschließend sprechen Sie aus der Erinnerung Ihre »Version« dieser »Wahrheit« auf das Band; dann haben Sie denselben Effekt!

Teil III: Gliederung einer Rede

Im folgenden werden wir uns mit einem wichtigen Thema auseinandersetzen, nämlich dem Aufbau Ihrer Rede. Damit ist genauso der Aufbau einer längeren **Rede** gemeint wie der Aufbau einer wichtigen **Aussage** in einer Konferenz (oder einer Verhandlungs-Situation).

Ablehnung von Schemata ist oft Ablehnung von Vorbereitung ...

Zwar enthält jede Rede letztlich Anfang, Mitte und Schluß, aber es gibt Ablaufschemata, deren Struktur uns hilft, diese spezielle Rede oder Aussage, die wir gerade vorbereiten wollen, besonders interessant bzw. effektiv zu gestalten.

Ehe wir diese Strukturierungsmöglichkeiten vorstellen, sei jedoch festgehalten:

1. Erfahrung

1. Je weniger Reden Sie selbst in der Vergangenheit sorgfältig vorbereitet haben, desto hilfreicher sind Schemata und Tips. Wobei wir mit »Rede« immer ein Referat oder eine wichtige Aussage meinen.

2. Ausnahmen

2. Keine Regel ohne Ausnahme. Einige der besten Reden, die ich je gehört habe, folgen nicht unbedingt einem der im folgenden vorgestellten Schemata. Daraus folgt:

3. Übung

3. Brillante Redner halten sich nicht unbedingt genau an eines der Schemata. Aber solange Sie noch kein so brillanter Redner sind, könnten Sie zumindest übungshalber in der vorgeschlagenen Weise vorgehen. Denn:

4. Profis

4. Selbstverständlich folgen viele ausgezeichnete Redner einem Schema.

5. Saubere Vorbereitung

5. Diejenigen Leute, die solche Schemata kategorisch ablehnen, sind in der Regel zu faul, um ihre Reden sauber vor-

zubereiten. Zwar lehnen einige brillante Redner ein Schema
als solches ab, nicht aber die Notwendigkeit, sich sorgfältig
vorzubereiten!

Gliederungs-Schema Nr. 1:
Standard-Schema

Gibt es ein universelles Schema für eine Rede? Natürlich! Die
Minimalanforderung an jede Rede ist zunächst einmal dieselbe wie für einen Aufsatz:

Einleitung, Hauptteil, Schluß!

»Ach du meine Güte, wie in der Schule!« sagen Sie jetzt vielleicht. Trotzdem, auch hier haben wir eine Banalität[1], die der
Beachtung wert ist. Viele Redner fallen mit der Tür ins Haus
oder beenden ihr Referat dermaßen abrupt, daß die Hörer erst
einen Moment benötigen, bis sie begreifen, daß die Rede zu
Ende ist.
Auf der anderen Seite können Einleitungen auch so langweilig
und umschweifig sein, daß man eher abschaltet, als interessiert
zu werden.

Wollen wir die Vorbereitung anhand eines praktischen Bei-
spiels demonstrieren. (Es folgt ein weiterer Seminar-Ausschnitt.[2])

| Trainer: | Wer von Ihnen denkt an eine kurze Rede, die demnächst auf ihn zukommen wird? |
| Rollo: | Also, ich muß in einigen Tagen unseren Vorstand davon überzeugen, daß wir auf der neuen Straßburger Messe dabei |

1 vgl. Banalitätstest, S. 19.
2 s. Fußnote auf S. 27.

sein sollten. Die da oben glauben nämlich, daß diese Messe noch nicht etabliert sei und daß es sich daher nicht lohnt, dorthin zu gehen.

Trainer: | Und Sie sehen das anders?

Rollo: | Sicher, also ich meine ...

Trainer: | Stop! Bitte einen Moment Geduld! Würden Sie uns jetzt nur sagen, **wie viele Argumente** Ihre Meinung unterstützen könnten?

Rollo: | Moment, also drei oder vier gute Argumente habe ich bestimmt!

Trainer: | Gut! Das wäre dann Ihr **Hauptteil**. Jetzt denken die anderen Teilnehmer bitte ebenfalls an eine Situation, die sie betrifft.

Jetzt notieren Sie bitte auf **einen** Zettel Ihre Argumente (Stichpunkte genügen), die Ihre Hauptaussage stützen.

> Auch Sie, liebe Leser, könnten jetzt überlegen, ob Sie an eine bestimmte Situation denken wollen, die demnächst auf Sie zukommt ...

Trainer: | Und jetzt nehmen Sie **zwei weitere Zettel**! Auf dem **ersten** notieren Sie Stichpunkte zu einer **möglichen** Einleitung und auf dem **anderen** eine **mögliche** Schlußaussage zu Ihrer Rede.

> Wenn Sie jetzt aktiv mitdenken wollen, lesen Sie erst weiter, nachdem Sie eigene Gedanken für Ihre (geplante) Rede notiert haben.

Trainer:	Also, Herr Rollo, wie lauten Ihre Argumente?
Rollo:	Soll ich nicht mit der Einleitung anfangen?
Trainer:	Aber nein! Zwar werden Sie **in Ihrer Rede** später die Reihenfolge Anfang, Mitte, Ende einhalten, aber bei der **Vorbereitung** gehen Sie anders vor.
Hoffmann:	Ich habe bisher noch jede Rede mit dem Anfang vorzubereiten begonnen.
Trainer:	Das haben die meisten von uns in der Schule so gelernt, nämlich beim Aufsatzschreiben. Wobei diese Vorgehensart auch dort nicht optimal ist, aber das erfährt man meist nicht. Eine gute Einleitung und ein guter Schluß sollen doch dazu dienen, den Hauptteil zu unterstützen, nicht wahr? Also muß der Hauptteil bereits vorliegen, sonst passiert es Ihnen, daß Sie Ihre Einleitung mehrmals umschreiben ...
Clausen:	Oder umschreiben sollten, wofür man aber meistens zu faul ist!
Trainer:	Eben! Also, Herr Rollo, nennen Sie einmal bitte Ihre Argumente!
Rollo:	Gut! **Erstens:** Die neue Messe ist enorm preiswert. Wir zahlen dort nur etwa 10 % dessen, was uns die Hannover-Messe kostet, was Standmiete usw. angeht. **Zweitens:** Ich kann neue potentielle Kunden, mit denen wir bereits in Verhandlung stehen, dort hinlocken, so daß ich einigen wichtigen Leuten unsere Anlage vorführen kann. Damit ersparen wir uns einige Einzelvorführungen vor Ort, die – was den Aufbau der Anlagen angeht – jedesmal fast so viel Aufwand bedeuten wie das Errichten des Messe-Standes. **Drittens:** Die neue Messe ist in Straßburg. Also können wir mit guten Kunden zum Essen in ein französisches Gourmet-Restaurant gehen. Die Leute geben das zwar nicht zu, aber so etwas stellt durchaus einen ernst-

haften Anreiz zum Kommen dar. **Viertens** – ach was, die drei reichen doch für das Fallbeispiel jetzt, oder?

Trainer: | Natürlich!

Wenn der Hauptteil der Rede feststeht, können wir einen weit besseren Einstieg planen.

s. auch
Argumente in Teil I auf S. 29
Steine im Fluß in Teil I auf S. 78

Einleitung einer Rede

Trainer: | Also gut, Herr Rollo. An welchen **Anfang** hatten Sie gedacht?

Rollo: | Ja, also ... ich werde sagen: »Ich möchte jetzt auf die Straßburger Messe zu sprechen kommen.«

Clausen: | Soll das Ihre **Einleitung** sein?

Rollo: | Ja, sicher! Mein Referat wird der dritte Besprechungspunkt sein. Herr Lütenhausen wird mir das Wort erteilen ...

Trainer: | Das ist ein hervorragendes Beispiel! Sie, Herr Clausen, dachten wahrscheinlich, daß die Einleitung mit der Begrüßung beginnen müßte?

Clausen: | Ja, genau!

Trainer: | Meist ist dies wohl der Fall, aber in diesem Beispiel nicht. Fahren Sie bitte fort, Herr Rollo!

Rollo: | Ja, also ... dann könnte ich sagen: »Ich möchte jetzt auf die Straßburger Messe zu sprechen kommen. Wie Sie ja wissen, müssen wir diese Woche noch entscheiden, ob wir teilnehmen oder nicht. Ich weiß, daß einige von Ihnen dagegen sind. Aber ich möchte doch noch einmal einige Überlegungen zur Sprache bringen, weil ich ...«

Diese Einleitung ist sicher nicht besonders zündend. Vielleicht träumt mancher von Ihnen davon, seine Rede mit einem richtigen Knalleffekt anzufangen, der die Hörer sofort in seinen Bann zieht.

Der Knalleffekt, so Sie einen einsetzen wollen, darf nie in den ersten fünf Sekunden liegen. Denn die Zuhörer brauchen einige Momente, um sich einzuhören.

Aber Vorsicht! **Erstens** gehen wir davon aus, daß die Aufmerksamkeit der Hörer noch nicht »bei uns« ist, weshalb wir sie ja gewinnen wollen. Somit darf der Knalleffekt, wenn Sie einen planen, nie innerhalb der ersten fünf Sekunden liegen, sonst besteht die Gefahr, daß er verpufft.
Zweitens muß man wissen, daß die Zuhörer einige Momente brauchen, um sich auf die Person des Redners (inkl. seiner Stimme, Aussprache und seines Tonfalls) einzuhören. Deshalb sollte man das Referat keinesfalls mit einem brillanten Satz beginnen, den kaum jemand mitbekommt.

Ich sehe den Redner gern als einen Verkäufer von Ideen. Somit ist sein Publikum immer sein »Kunde«.

Vielleicht fällt Ihnen als Einleitung Ihrer Rede eine Story ein, die hervorragend paßt (vgl. *Stories, Upanishaden* und *Zitate* in Teil I, S. 86, 99 und 114). Des weiteren gilt, was wir schon mehrmals besprachen: Je mehr Widerstand wir gegen unsere Argumente im Hauptteil erwarten, desto wichtiger ist es, in der **Einleitung** mit (Quiz-)Fragen das (Mit-)Denken unserer Hörer anzuregen (vgl. *Aktivierung des Publikums* in Teil I, S. 23).

Schluß einer Rede

Zurück zu Herrn Rollo und den Seminarteilnehmern.[1]
Stellen wir uns vor, daß Herr Rollo inzwischen all seine Argumente vorgebracht hat, die für die Straßburger Messe sprechen.

---

1 s. Fußnote auf S. 27.

Trainer:	Und jetzt zum Ende Ihrer Rede: Wie wollen Sie vorgehen?
Rollo:	Mit meinen letzten Worten setze ich mich wieder hin, dann sieht jeder, daß ich durch bin.
Attenborn:	Wenn ich auf einer Tagung ein Referat halten muß, dann kann ich mich allerdings schlecht auf den Boden hinter dem Rednerpult setzen.
	(Gelächter)
Trainer:	Natürlich ist es besser, wenn Ihre Worte eindeutig zeigen, daß Sie enden!
Rollo:	Was wäre denn mit: »Ich danke Ihnen für Ihre Aufmerksamkeit« oder so was?
Trainer:	Im Zweifelsfalle ist dies immer möglich, aber vergessen Sie nicht, daß Anfang und Ende einer Rede genauso wichtig sind wie der Mittelteil. Sie wissen ja, erste Eindrücke werden bald von späteren überlagert. Aber der **letzte Eindruck** bleibt den Hörern in der Erinnerung haften.

Selbst wenn Sie beim Reden **eingangs** vielleicht nervös waren und erst später sicher wurden, dann wird der sichere (letzte!) Eindruck bei Ihren Hörern der bleibende sein.

Erste Eindrücke werden bald von späteren überlagert. Aber der letzte Eindruck bleibt den Hörern in der Erinnerung haften.

Bei gehirn-gerechtem Vorgehen sollten Sie ein klares Bild vor Ihrem geistigen Auge haben. Im Fall einer Motivations-Rede müßte dies ein klares Bild der **Zielsituation** sein. Was sollen Ihre Hörer **nach** Ihrer Rede tun? Formulieren Sie diese Zielstellung als Handlungs-Aufforderung, und fragen Sie sich dann: Was würde Sie motivieren, Ihr Verhalten zu ändern? Falls Sie vor allem **innere** Haltungen verändern wollen, erzählen Sie vielleicht ein Fallbeispiel oder ein Gleichnis, welches nachdenklich macht und Ihre Hörer lange nicht losläßt. (vgl. *Stories* in Teil I auf S. 86 und *Eine Metapher: Der Lattenzaun* im Anhang auf S. 171.)

Checkliste: Vorbereitung einer Rede nach dem Standard-Schema

Das Thema meiner nächsten Rede ist

Meine Zuhörer sind

Ich will erreichen, daß

Die Erwartungen (das Vorwissen) meiner Hörer/innen schätze ich folgendermaßen ein

Meine wichtigsten Argumente

Davon werde ich anführen

Meine Einleitung

Mein Schluß

Gliederungs-Schema Nr. 2: AIDA

Engl.:
A = Attention
I = Interest
D = Desire
A = Action

Deutsch:
A = Aufmerk-
samkeit
I = Interesse
D = Dringender
Wunsch*
A = Aktion*

Dieses Redevorbereitungs-Schema enthält statt drei Abschnitten (Einleitung, Hauptteil, Schluß) vier Teile. Dabei wird der Einleitungsteil in zwei Schritte zerlegt, gefolgt von Hauptteil und Schluß.

Bei vielen Fachleuten (und Laien) gilt sie als **das** rhetorische Standardschema schlechthin! Genaugenommen wurde diese Formel jedoch nicht für Reden entwickelt, sondern für das **Postversand**-Geschäft. Erst später haben Redner ihren Wert erkannt. Ursprünglich war sie von einem amerikanischen Spezialisten für **Direktmarketing** (LEWIS) für Werbebriefe entwickelt worden. Sie ist vielen Menschen vom Namen her zwar vertraut, aber nicht wirklich bekannt.

Im Englischen stehen die vier Buchstaben von AIDA für *Attention-Interest-Desire-Action*. Man kann das ziemlich gut eindeutschen: »Attention« heißt *Aufmerksamkeit*. D.h., wir müssen unsere Zuhörer erst einmal von ihren eigenen Gedanken wegziehen zu dem, was wir jetzt sagen wollen, um anschließend ihr *Interesse* zu wecken.

Vielleicht fragen Sie sich, worin der Unterschied zwischen »Aufmerksamkeit« und »Interesse« liegen soll?

Stellen Sie sich vor, Sie wollen sich einen Vortrag anhören. Woran denken **Sie selbst** zu Beginn dieser Rede, wenn Sie im Publikum sitzen? Verweilen Ihre Gedanken noch bei etwas, was direkt vorausgegangen war, oder überlegen Sie vielleicht, was Sie nach der Veranstaltung vorhaben?

Wenn der Redner die AIDA-Formel anwendet, wird er Sie zunächst einmal auf sich aufmerksam machen, Sie also durch seinen ersten Wecker ins Hier und Jetzt holen. Um die **Aufmerksamkeit** der Hörer zu erreichen, ist eine Story ein gutes Mittel. Oder ein Zitat bzw. eine Folge von Zitaten, die einander in ihrer Aussage widersprechen und das Publikum neugierig machen (s. *Stories* und *Zitate* in Teil l, S. 86 und 114).

* Details s. nächste Seite.

Aber wenn Sie dann geistig »da« sind, ist dies noch keine Garantie dafür, daß Sie sich bereits für das Thema interessieren. Deshalb versucht der Redner jetzt, Ihr **Interesse** für seine Aussagen zu wecken. Das heißt, er versucht, Sie für den **Hauptteil** seiner Rede zu interessieren. Dazu dient oft eine rhetorische Frage (s. *Aktivierung des Publikums* in Teil I auf S. 23).

Nehmen wir an, die **Aufmerksamkeit** sei geweckt und die Hörer sind jetzt an unserem Thema **interessiert** ...

Trainer:[1]	Als dritter Punkt der AIDA-Formel kommt *desire*.
Rollo:	Das dürfte etwas schwieriger einzudeutschen sein. An und für sich ist desire ja eine Art »brennender Wunsch«, nicht wahr?
Hoffmann:	Was halten Sie von *»dringender Wunsch«?*
Trainer:	So ähnlich hat man es übersetzt, mit *Drang* nämlich.
Hoffmann:	Okay, also jetzt ist der Zuhörer wach. Entschuldigung – »aufmerksam«. Er hat Interesse, und jetzt drängt es ihn. Wohin denn?
Clausen:	Wahrscheinlich in die Richtung, die der Redner ihm aufzeigt. Also müßte es ein Ziel für diesen drängenden Wunsch geben?
Trainer:	Eben! Deshalb heißt der vierte Teil von AIDA ja auch *action (Aktion)*. Gemeint ist die Handlung, die der Zuhörer **nach** dem Vortrag ausführen soll. Hier sieht man, daß die AIDA-Formel zunächst eine Formel für den erfolgreichen Verkauf war.

1   s. Fußnote auf S. 27.

Attenborn: | Aber nachdem ein guter Redner gewissermaßen ein Ideenverkäufer ist, paßt das doch gut!

Rollo: | Ja, wobei in der direkten Verkaufs-Situation die Aktion wohl eher *Abschluß* heißen müßte!

Trainer: | So wird es auch von manchen Trainern übersetzt. Denn bei einer Motivations-Rede soll Ihr Hörer hinterher auch etwas Spezifisches tun, wie im Beispiel von Herrn Rollo, wo der Vorstand eine positive **Entscheidung** für Straßburg treffen soll.

Clausen: | Also, mir gefällt die Idee, daß wir unserem Publikum unsere Ideen sozusagen verkaufen, immer mehr.

Trainer: | Im Amerikanischen sagt man sogar, wenn man von einem Argument überzeugt wird: »I'll buy that!«, wörtlich: »Das kaufe ich!«

Erinnerung | Mit einer Motivations-Rede sollten Sie ein glasklares Ziel verfolgen. Mehr noch – Sie müssen es vor Ihrem geistigen Auge sehen können: Was sollen Ihre Hörer hinterher tun? Wenn Sie diese Frage nicht eindeutig beantworten können, können Ihre Hörer später auch nicht handeln.

AIDA | AIDA hilft uns, jedem Teil der Rede große Aufmerksamkeit zu schenken. Eingangs werden die Hörer zum Thema hingezogen, in der Mitte werden sie interessiert und fasziniert, und am Ende wissen sie entweder ganz genau, welche Aspekte des Vortrages für sie besonders wichtig sind, oder sie werden motiviert, etwas Bestimmtes zu tun.

Checkliste: Reden nach der AIDA-Formel

Mein Thema
Meine Zielgruppe
Ich errege **Aufmerksamkeit** durch
Ich wecke **Interesse** durch
Ich richte den **Drang** der Zuhörer auf
Ich rufe zur **Aktion** auf

Gliederungs-Schema Nr. 3: AITA

Attenborn:[1]

Es leuchtet ein, daß wir bei einer Motivations-Rede, die wir mit dem Handlungsaufruf abschließen, im dritten Teil Drang oder drängenden Wunsch erzeugen, den Wunsch nach dieser Handlung nämlich. Aber was ist jetzt, wenn ich eine **Informations-Rede** halten will? Dann paßt das doch nicht so gut!

1   s. Fußnote auf S. 27.

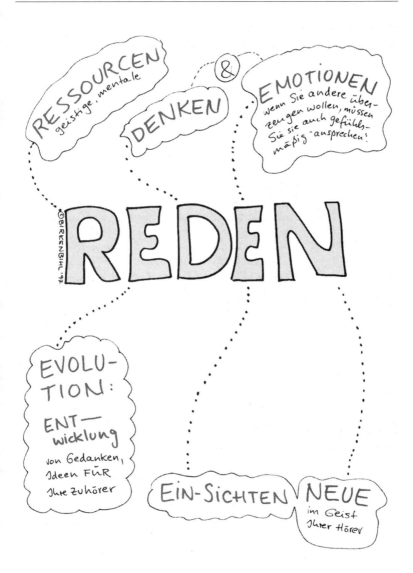

Trainer:	Genau! Deshalb gibt es ja die Birkenbihl-Variante AITA!
Rollo:	Aha, ein T statt eines D!
Trainer:	So ist es, T für *Theorie*! Wer Informationen anbieten will, läuft große Gefahr, diese Information langweilig, trocken oder unverständlich zu bringen. Nun möchte ich behaupten, daß der **Sender** (also der Redner) verantwortlich ist für seine Botschaft. In anderen Worten: Wenn man den Sender nicht versteht, ist **nicht** der Empfänger schuld!

Wenn ich Sie in einer Fremdsprache anspreche, die Sie nicht beherrschen, geben Sie die »Schuld« mir. Das ist ganz natürlich. Denn Sie erwarten, daß ich als Sender mit Ihnen in einer Sprache spreche, die Sie als Empfänger auch verstehen können, nicht wahr? Eben weil Sie ganz zu Recht der Meinung sind, daß der Sender verantwortlich dafür ist, ob der Empfänger ihn versteht. Das gilt ebenso bei Fachsprachen. Als Beispiel folgt eine wichtige Kommunikationsregel:

> »Die relative Effizienz kumulierter Kommunikationssubstrate basiert auf der funktionalen Relation zwischen der absoluten Kapazität des Rezipienten und dem quantitativen Thesaurus offerierter Informationen.«

s. auch *Gehirn-gerechtes Arbeiten* in Teil I auf S. 45

Der Begriff *Theorie* für den dritten Redeteil nach der AITA-Formel erinnert uns immer daran, daß Theorie gehirn-gerecht aufbereitet werden sollte, wenn Sie Ihr Publikum wirklich erreichen wollen. Wenn meine Zuhörer mich nicht begreifen oder sich langweilen, dann fühlen sie sich unwohl.
So kann kein Redner Erfolg haben.

AIDA
AITA

Der letzte Buchstabe der AIDA- bzw. AITA-Formel ist das zweite »A«. Bei AIDA heißt es *Aktion*, weil Sie eine Motivations-Rede halten. Bei AITA steht das »A« für »Aha!«
Denn Sie wollen Ihren Hörern Neues vermitteln. Ihre Zuhörer sollen am Ende mehr wissen als vorher. Sie sollen Ihren Vortrag mit einem echten *Aha-Erlebnis* verlassen.

Checkliste: Reden nach der AITA-Formel

Mein Thema

Meine Zielgruppe

Ich errege **Aufmerksamkeit** durch

Ich wecke **Interesse** durch

Meine **theoretischen** Informationen

Ich rufe ein **Aha-Erlebnis** hervor durch

andere Gedanken & Assoziationen als bei "normalem" (linearen) Denken } logisch rational

neue Ideen
neue Ein-Sichten
neue Gedanken-
      verbindungen

Aha-Erlebnisse

Loslassen – mit Wörtern/Gedanken spielen ...

Offenheit & Originalität !

GEBURTs-Stunde völlig neuer Gedanken durch gezielte Assoziationen.

REALITÄT (Wirklichkeit) wird durch Wörter geschaffen. Neue Wörter er-WEITERN Ihre Realität.

Aufmerksamkeit wird auf andere Aspekte gelenkt ...

FLEXIBEL denken!

Innovatives & krea-tives Denken ...

Ent-deckungen & Ent-wicklungen → Er-WEIT-erung/Horizont

Gliederungs-Schema Nr. 4: Analograffiti©1

Wenn wir uns auf ein Thema vorbereiten wollen, dann gibt es zwei mögliche Ausgangspositionen.

Entweder wissen wir von dem Thema noch sehr wenig, weil wir noch ganz am Anfang stehen, so daß wir noch recherchieren müssen. **Oder** wir haben auf der mentalen »Leinwand« unglaublich viele kleine Detailbilder und Notizen, aber noch keine Ahnung, wie wir das »zusammenbasteln« wollen. Hier lautet die Frage: »**Wie** soll ich diese Details verbinden?« oder, wenn wir zu viel Material haben: »**Was** muß ich weglassen?« In beiden Fällen kann die nachfolgende Technik enorme Dienste leisten.

Beginnen wir mit dem Wort. Der Begriff Analograffiti© steht für **analoges Denken mit einem Stift in der Hand**. Analoges Denken wiederum bedeutet:

Denken in **Analogien**,
Denken in **Gleichnissen**,
Denken in **Metaphern** –

also ein eher rechts-hirniges Denken, wobei der Wortteil »-graffiti« darauf hinweist, daß man schreibend oder zeichnend vorgeht.

1 vgl. BIRKENBIHL, *Der Birkenbihl-Power-Tag*, s. Literaturverzeichnis ab S. 180.

Dabei können wir grundsätzlich zwei Techniken entwickeln: Wir können zeichnen bzw. »Männchen malen« (was viele beim Telefonieren machen); d.h., wir können versuchen, ob es uns gelingt, **zeichnend** eine Idee zu entwickeln (diese Vorgehensweise nennen wir KaGa©), oder wir benutzen Wörter (s.u.).

4a. KaGa©

Nehmen wir an, unser Thema wäre: »Kann (darf, soll) der Kunde König sein?« Jetzt beginnen wir »einfach so«, ein bißchen zu zeichnen, was uns gerade einfällt.

König Kunde

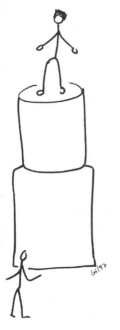

Zum Beispiel skizzieren wir (strichmännchenartig) einen König auf einem Thron. Dann entwickeln sich zwei senkrechte Linien von dem Thron nach unten, und plötzlich steht er auf einem Podest. Das ist »einfach so passiert«, das hatten Sie nicht von Anfang an vor. Nehmen wir an, Sie experimentieren weiter und zeichnen jetzt ein weiteres Strichmännchen unten, neben das Podest. Nun fällt Ihnen ein, daß die Zeichnung jetzt zum Ausdruck bringen könnte, daß der Verkäufer in untertäniger Haltung **unten** steht und der Kunde **oben** thront.

Nun denken Sie, daß das eigentlich nicht im Sinne des Kunden sein kann (er wäre ganz schön einsam da oben) und daß wir vielleicht Gefahr laufen, **Servilität** mit **Service** zu verwechseln oder **Dienern** mit **Dienen** (vgl. **Dienstleistung**).

Sie lehnen sich zurück und stellen fest, welche interessanten Ideen Ihnen beim »Kritzeln« eingefallen waren. Sicher ganz andere, als wenn Sie in Worten nachgedacht hätten. Denn beim Zeichnen verlaufen Ihre Gedanken sozusagen auf anderen »Datenautobahnen im Hirn« (vgl. *Gehirn-gerechtes Arbeiten* in Teil I auf S. 45) als bei Worten (wofür auch andere Hirn-Areale zuständig sind).

Daher führt dieser Weg oft zu großen Überraschungen bei meinen Seminarteilnehmern. Es gilt nicht, irgend etwas »gut« zu zeichnen; es gilt lediglich, dem Stift in der Hand »Muße« zu geben und sich selbst beim analogen Denken zuzuschauen. Nach dem Motto: Lassen Sie sich überraschen ...

Viele meiner
DENK-MODELLE
entstanden beim
zwanglosen
"Linien-Denken"
(KaGa©), z.B.:

das Insel-Modell *

das Modell vom
"STRESSHORMON-
TÖPFCHEN" **

Die Modelle zu
GEDÄCHTNIS ***

Die KaGa©-Technik hat zwei Vorteile:

1. entwickeln sich durch das spielerisch-zeichnerische Vorgehen oft völlig neue Gedankengänge, weil Sie »andere Wege« im Hirn gehen bzw. weil Sie auf diese Weise **Ihr Unterbewußtsein** anzapfen und so auch an Informationen gelangen, für die Sie (in Ihrem bewußten Denken) zunächst keine Worte gehabt hätten.

2. können viele KaGas© im nachhinein als **Illustrationen** für Ihren Vortrag oder den Text, den Sie schreiben wollen, benutzt werden.

KaGa© ist **eine** Möglichkeit des Analograffiti©, wobei die Assoziationen graphischer Art sind. Durch das spielerisch-zeichnerische Vorgehen entwickeln sich oft völlig neue Gedanken. Eine zweite Möglichkeit des Analograffiti© heißt KaWa©.

*   vgl. BIRKENBIHL: *Erfolgstraining*
**   vgl. BIRKENBIHL: *Freude durch Streß*
*** vgl. BIRKENBIHL: *Stroh im Kopf?*
s. Literaturverzeichnis ab S. 180.

Hier arbeiten wir ebenfalls mit einem Stift auf Papier, aber in diesem Falle zeichnen wir nicht, sondern wir schreiben (Wörter).

4b. KaWa©, freie Assoziation

Bei KaWa© arbeiten wir ebenfalls mit einem Stift auf Papier, aber in diesem Falle zeichnen wir nicht, sondern wir schreiben.

Ausgangslage ist wieder ein Begriff, zu dem Sie Ideen suchen. Diesen Schlüsselbegriff schreiben Sie groß (quer) über einen Bogen (je größer, desto besser). Nun werden Sie sich den Begriff genau ansehen. Als erstes interessiert Sie, ob einzelne Teile des Wortes Ihnen Assoziationen bieten, nach dem Motto: Sagen uns die einzelnen **Wortteile** etwas, woran wir bisher, beim ganzen Wort, noch nie gedacht hatten?

Anschließend werden wir sehen, was uns zu jedem einzelnen **Buchstaben** einfällt.

Beispiel

Als ich ein Referat mit dem Titel »Erfolg durch Provokation?« (für 200 Werbefachleute) vorbereitete, fragte ich mich, wofür der (vom Auftraggeber vorgegebene) Begriff »**Provokation**« eigentlich stehen könnte. Er besteht aus zwei Wortteilen, nämlich »pro-« (Gegenteil von »contra«) und »-vokation« (vgl. lat. »vocare« = »rufen«, »schreien«).
Also begann ich zu überlegen:

Wenn »pro« genaugenommen »für« heißt: Für wen oder was sollte die typische Provokation (in der Werbung) sein? Dabei fiel mir ein, daß viele Provokationen von Werbemachern sich eher **gegen** den Kunden richten ...
Und »vocare«? Das impliziert eine Distanz. Konnten wir also sagen: Eine **Pro**-Vokation in der Werbung sei um so notwendiger, je mehr man glaubt, eine Distanz zu den potentiellen Kunden zu haben? Schreit man deshalb so »laut«? Könnte man bessere Gespräche (Dialoge) mit dem Kunden beginnen, wenn man Kundennähe schafft? Braucht man dann nicht so zu »schreien«?

(weiter auf S. 156)

ECHNIK

ALOGRAFFITI ©

ALOGES DENKEN mit Stift → "grafie"

GRAFIK

"DURCH DENKEN mit LINIEN entstehen völlig NEUE
"Gesichtspunkte"; so
entstanden viele
"typisch Birkenbihl'sche
DENK-MODELLE".

ASSOZIATIONEN

ER

"DURCH WÖRTER mit dem
jeweiligen Anfangsbuchstaben
entstehen völlig NEUE DENK-
verbindungen

vgl. FALLBEISPIELE in diesem
Buch

Solche Gedanken können auftauchen, wenn wir ein **Wort in seine Einzelteile** zerlegen.

Testen Sie dies. Denken Sie jetzt gleich intensiv an das Wort »Enttäuschung«. Schreiben Sie es groß und deutlich auf, und suchen Sie nach Wertteilen, die eine »Botschaft« enthalten könnten ...

Haben Sie sich Gedanken gemacht, ehe Sie weiterlesen?
Dann vergleichen Sie Ihre Assoziationen bitte mit dieser:
Wenn »Ent-Bindung« heißt, daß die Bindung aufhört, dann heißt »Ent-Täuschung«, daß die Täuschung aufhört ...
Wenn ich mich jedoch täusche, dann bedeutet das, daß meine Täuschung endet. Warum sind wir anderen Menschen so

»böse«, wenn das geschieht? Wir sagen dann, er/sie habe uns enttäuscht ... (s. auch *Erwartungshaltung der Hörer/innen* in Teil I auf S. 43).

Schritt 1 Also schauen wir uns im **ersten** Schritt von KaWa© das Wort an und sehen, ob sich durch **Wortteile** neue Gedanken anbieten.

Schritt 2 Im **zweiten** Schritt zerlegen wir den Begriff noch mehr. Diesmal werden wir nämlich sehen, ob uns die einzelnen Buchstaben zu neuen Gedanken animieren. Dabei müssen wir uns natürlich nicht an die Reihenfolge der Buchstaben in dem Wort halten.

Wir sehen uns das Wort »Enttäuschung« wieder an, diesmal, um **zu jedem Buchstaben Assoziationen** zu suchen.

Angenommen, als erstes fällt Ihnen zu dem »S« in Enttäu-Schung etwas ein (vielleicht »Streß«, weil wir Enttäuschungen in der Regel als Streß-Situationen erleben?). Dann ziehen Sie eine Linie vom »S« in die freie Blattfläche und notieren »Streß«.

Jetzt fällt uns möglicherweise zu dem »CH« nach dem »S« das Wort »Charakter« ein. **Sie wissen gar nicht warum, es fällt Ihnen einfach ein**. Schreiben Sie es spontan auf:
Vielleicht fällt Ihnen nun die **Frage** ein, ob es ein Charakter- merkmal sein könnte, wie man mit Enttäuschungen umgehen könnte ...?

spielerisch

In der Weise »spielen Sie mit Gedanken«. Gehen Sie es wirk- lich **spielerisch** an. Wenn Ihnen nicht sofort etwas einfällt, warten Sie ein wenig. (Vielleicht können Sie mit Musik arbei- ten?)
Bitte bedenken Sie: Wenn man Beschreibungen dieser Art liest, kann man sich nur schwer vorstellen, welche großartigen kreativ-schöpferischen Kräfte sie im einzelnen auslösen kön- nen. Es ist wie beim Fahrradfahren: Man muß es selbst erlebt haben, um zu wissen, worum es geht.

Noch ein Beispiel

Wann beginnen Sie mit ersten Analograffiti©-Gedankenspie- len? Vielleicht können Sie die folgenden KaWa©-Beispiele zum Mitmachen anregen?

Jede Denk-DISZIPLIN benötigt Training (vgl. Kreuzworträtsel). Die ERSTEN Übungen fallen noch etwas schwer(er) — aber es lohnt sich!

TRAINING

R T

RESSOURCEN

Gedanken sind geistige (mentale) Ressourcen. Neue (zusätzliche) Gedanken vergrößern unseren mentalen REICH-tum (unsere DENK-Ressourcen).

Auch hier gilt das "REICH-tumsgesetz":
Je mehr kreative Gedanken wir erzeugen, desto mehr "fließen" uns zu ...

Gliederungs-Schema Nr. 5: Schnellschuß

In diesem Kapitel lernen Sie eine Hilfestellung für Schnellschuß-Projekte kennen. Angenommen, Sie kommen von einer Reise zurück und erfahren, daß in zehn Minuten eine Sitzung stattfindet, auf welcher Sie zu einer wichtigen Frage Stellung beziehen sollen. Leider haben Sie nicht die benötigte Zeit für eine solide Vorbereitung.

Erleben Sie im folgenden Seminar-Abschnitt[1] ein Fallbeispiel hierzu mit.

Trainer: Der Clou liegt darin, daß Sie bei der eiligen Vorbereitung drei Fragen stellen und beantworten.

Erstens, **Vergangenheit**: Was war?

Zweitens, **Gegenwart**: Was ist?

Drittens, **Zukunft**: Was soll werden?

Somit kann das Schema fast jede Rede abdecken.

Kien: Also, normalerweise haben wir ja hausinterne Fachberater, die sich um die Kunden kümmern, die nach Terminabsprache bei uns im Werk erscheinen – wobei das höchst selten passiert, weil unsere Berater in der Regel in die Krankenhäuser gehen. Aber manchmal kommen doch Kunden unangemeldet vorbei, und wenn gerade kein Berater da ist, dann sagt mir der Marketing-Leiter, daß ich bitte in einer Viertelstunde erscheinen und denen was erzählen soll.

Nun kommt also so ein Kunde persönlich zu uns, weil er präzise Informationen zu einem bestimmten Punkt haben will. Es gilt also nicht, mittels Fragetechnik eine gute Verhandlung zu führen, denn diese Leute, die ich hier meine, kaufen die Geräte gar nicht ...

Clausen: Sagten Sie nicht, das seien Kunden?

Kien: Ja, ja, schon! Aber das sind z.B. die Physiotherapeuten in der Klinik, die mit dem Gerät **arbeiten** wollen. Die **beantragen**

1   s. Fußnote auf S. 27.

Kien: (Fortsetzung)	zwar, aber verkaufen müssen wir letztlich an die Kaufleute, also an die Bürokraten im Krankenhaus. Jedenfalls, wenn so ein Therapeut mit einer Spezialfrage daherkommt und keiner unserer Fachberater greifbar ist, dann muß ich als Ingenieur eine Kurzpräsentation machen. Also sagt mir der Marketing-Leiter Bescheid, ehe er den Kunden zu einer Tasse Kaffee einlädt, und ich muß dann ganz schnell überlegen, denn jetzt bin ich genau in der Situation, daß ich extrem kurzfristig ein Kurz-Referat zu einem klar umgrenzten Thema halten muß.
Trainer:	Also gut! Geben Sie uns jetzt ein konkretes Stichwort für etwas, was einer dieser Kunden vielleicht wissen will. Dann können wir das Schema durchprobieren!
Kien:	Äh ... Interferenzstrom-Therapie.
Trainer:	Gut! Frage eins: **Was war?**
Kien:	Also, früher wurde mit Gleichstrom gearbeitet. Das heißt, man hatte zwei Elektroden und einen Stromkreis, wobei es öfter zu Hautverätzungen kam, die der Patient jedoch fälschlicherweise als Hautverbrennung bezeichnete usw. Ja, das ist okay. In der Weise leite ich dann ein!
Trainer:	Frage zwei: **Was ist?**
Kien:	Na ja, jetzt gibt es eben den Interferenzstrom! Ja, und dann erkläre ich hierzu das Wesentliche. Ja, ist klar!
Trainer:	Frage drei: **Was soll werden?**
Kien:	Es soll uns natürlich helfen, einen Termin beim zuständigen Kaufmann zu bekommen!
Clausen:	Dann brauchen Sie einen AIDA-artigen Abschluß!
Rollo:	Okay! Ich habe das Schema verstanden. Das ist wirklich leicht!

Checkliste: Schnellschuß

Bei welcher Gelegenheit mußte ich in der Vergangenheit unvorbereitet
Stellung nehmen?

Wie würde ich diesen Redeanlaß heute bewältigen?

Frage eins: Was war?

Frage zwei: Was ist?

Frage drei: Was soll werden?

Gliederungs-Schema Nr. 6: Laudatio

laudare = loben

Geburtstag
Jubiläum
Grabrede
Hochzeit(stag)

Manchmal kann es passieren, daß Sie aufgefordert werden, eine Rede zu Ehren einer Person zu halten: eine Geburtstags- oder Jubiläums-Rede, eine Grabrede oder eine Rede anläßlich eines Hochzeitstages. Eine solche Rede nennt man »Laudatio« (von lat. »laudare« = »loben«). Das Wort sagt Ihnen schon, worauf es ankommt: Sie dürfen heute nur Gutes über diesen Menschen sagen; das ist oberstes Gebot.

Hier bietet sich ein Spezial-Schema an, das sich besonders auf Menschen bezieht. Es wurde von Michael BIRKENBIHL entwickelt.[1]

Das Michael-BIRKENBIHL-Schema

Michael BIRKENBIHL nahm für dieses Rede-Schema als Ausgangsbasis die Lebensaufgaben, die der Mensch laut Alfred ADLER zu bewältigen hat.

4 Lebens-
aufgaben:
1. Arbeitswelt
2. Liebe
3. Gemeinschaft
4. Lebens-Kunst

1. Er muß sich in der Arbeitswelt zurechtfinden.

2. Er muß das Problem »Liebe« bewältigen, d.h. befriedigende Beziehungen zu anderen Menschen aufbauen können.

3. Er muß sich in der gesellschaftlichen Gemeinschaft zurechtfinden und für diese Gemeinschaft auch etwas tun.

4. Wenn er die ersten drei Aufgaben einigermaßen ausgewogen bewältigen kann, dann wird er zum Lebenskünstler.

Aus diesen Gedanken läßt sich für jeden Menschen eine Laudatio halten, wobei Michael BIRKENBIHL darauf verweist,

---

1 Michael BIRKENBIHL war mein Vater. Er war selbst Trainer und Unternehmensberater, Autor und Lebensberater für Führungskräfte. So schrieb er z.B. das Buch *Train the Trainer*, welches ein Standard-Werk für Ausbilder wurde (derzeit: 17. Auflage).

daß man in der Rede diejenigen Aspekte hervorhebt, die in **diesem Fall** besonders gut passen.

Laudatio   Angenommen, man soll eine Laudatio auf einen ausscheiden-
den Firmenchef halten, der die Aufgaben 2 und 3 (s. S. 165)
nicht besonders gut bewältigt hat, dann konzentriert man seine
Rede z. B. auf die **beruflichen** Leistungen des Mannes (Punkt
1). Oder umgekehrt, wenn jemand vielleicht weniger professionell in seiner Leistung war, aber immer gute Beziehungen
zu anderen gepflegt hat, dann hebt man diesen Aspekt besonders hervor.

Also: Je ausgewogener der Mensch, über den Sie reden sollen,
desto mehr der ADLER'schen Lebensaufgaben können Sie in
die Rede packen.

Ein weiterer Seminar-Ausschnitt[1] soll Ihnen das Prinzip ver-
deutlichen.

Beispiel für eine Laudatio

Rollo: Also, ich werde in ca. zwei Monaten eine ausscheidende Mit-
arbeiterin, die sich vorzeitig pensionieren läßt, verabschieden
müssen. Könnte ich das Schema vielleicht einmal bezogen auf
diese Dame laut durchdenken?

Trainer: Aber bitte, gern!

Rollo: Gut. Punkt 1 war die Arbeitswelt. Sie ist äußerst tüchtig, d.h.,
ich kann ehrlich sagen, daß wir es bedauern, sie zu verlieren.
Außerdem könnte ich erwähnen, daß sie einst die einzige
Schreibdame war und daß sie später den gesamten Schreibpool
aufzog, den sie bis jetzt leitet. Also, Aufbauarbeit in einer Fir-
ma, die damals noch ein Familienbetrieb war und heute ein
Unternehmen geworden ist. Gut.
Punkt 2 – Was war das noch?

---

1   s. Fußnote auf S. 27.

Trainer:	Liebe, zwischenmenschliche Beziehungen!
Rollo:	Ah, ja! Da ist sie komisch. Mit ihren Damen kommt sie hervorragend aus, die motiviert sie auch ausgezeichnet. Aber wir haben den Verdacht, daß sie Männer nicht besonders mag. Sie ist auch unverheiratet geblieben.
Trainer:	Also erwähnen Sie die guten Beziehungen, die sie zu ihren Damen immer hatte!
Rollo:	Genau! Gut. Punkt 3 – das war die Gesellschaft, nicht wahr? Ja, sie hat sich dafür eingesetzt, daß in dem Viertel, in dem unsere Firma liegt, ein Kindergarten für die Kinder unserer Mitarbeiter eingerichtet wurde. Das wäre doch so ein gesellschaftlicher Aspekt, oder?
Trainer:	O ja!
Rollo:	Also gut! Dann wäre da noch die Frage, wie weit man sie als »Lebenskünstler« bezeichnen möchte. Na ja, so würde ich sie eigentlich nicht nennen.
Trainer:	Dann lassen Sie den Punkt einfach weg!
Rollo:	Jaja, jetzt weiß ich, was Sie meinen!
Clausen:	Also, das sieht dann quasi so aus, daß man **einige einleitende Bemerkungen** macht, daß die **Mitte** der Rede von diesen Punkten (also mindestens einem und maximal allen vieren) bestimmt wird und daß man einen **Schluß** vorbereitet. Doch, das ist gut. Ich kann mir vorstellen, daß man damit recht gut arbeiten kann.

Checkliste: Laudatio

Der Mensch, über den ich sprechen will

Der Anlaß, zu dem ich sprechen will

Berufliche Leistungen

Privates, Menschliches

Gesellschaftliches Engagement

Lebenskunst

Zu guter Letzt

Noch ein GANZ
wichtiger Tip

Ich möchte Ihnen jetzt noch einen ganz wichtigen Tip geben:

Die Gehirnforschung hat gezeigt, daß wir einen Großteil unseres Verhaltens (ca. 90 %) über den Weg der Imitation (weitgehend unbewußt) gelernt haben und weiter lernen. Angenommen, Sie haben einen neuen Kollegen, dessen Angewohnheit, ständig »superaffengeil« zu sagen, Ihnen maßlos auf die Nerven geht. Wenn Sie nicht »höllisch aufpassen«, werden Sie sich in vier Wochen dabei ertappen, daß Sie es auch sagen!

Diese Tatsache können wir positiv und praktisch nutzen, indem wir uns einige »Vorbilder« bewußt (aus-)suchen, z.B. zum Stichwort »Sprachschatz erweitern«.

Vorbilder suchen

Sehen Sie zu, daß Sie die Art von Sprache, die Sie selbst bewundern, auf Kassetten bekommen, z.B. durch Mitschneiden von Radio- oder Fernsehsendungen (vielleicht Diskussionen) oder indem Sie sich Texte von Autoren, deren Sprache Ihnen gefällt, laut auf Kassette vorlesen (was sowieso als Teil Ihres Rede-Trainings sinnvoll ist). Dann hören Sie sich diese Kassette öfter an, z.B. unterwegs. Und langsam schleifen sich Redewendungen oder Begriffe in Ihr Gedächtnis ein, die Sie vorher zwar verstanden hatten, weil sie Teil Ihres passiven Vokabulars waren, aber die Sie bisher noch nicht aktiv eingesetzt hatten.

Merke: Ebenso kann man mit Texten zu neuen Wissensgebieten verfahren oder um mit speziellem Fachvokabular schnell vertraut zu werden. Dieses Vorgehen ist um so interessanter, je besser dieser Autor, den Sie auswählen, mit Sprache umgehen kann. Das heißt, Sie können gleichzeitig etwas für Ihr Sprachgefühl tun, wenn Sie diese Kassetten öfter anhören.

Wir lernen durch Vorbilder! Aber wir können uns die Vorbilder natürlich bewußt selbst aussuchen, von denen wir lernen wollen!

Damit wären wir am Ende dieses Buches angelangt. Nun ist nur noch zu hoffen, daß Sie die eine Grundregel aktiv ausleben werden, die Ihre ständige Verbesserung garantiert, nämlich: Reden lernt man nur durch Reden!

Wer die vorgeschlagenen Übungen tatsächlich durchführt, muß zwangsläufig ständig besser werden! Ich wünsche Ihnen viel Freude beim Training und viel Erfolg danach, egal in welchen Situationen Sie Ihre verbesserte Redefähigkeit einsetzen wollen.

Die Autorin kann kontaktiert werden über birkenbihl-media, Bergisch-Gladbach, oder im Internet unter »birkenbihl.de«.

Anhang

Texte

Eine Metapher: Der Lattenzaun[1]

Stellen wir uns einmal folgende Möglichkeit vor:
Wenn die Seele in diese Welt hineingeboren wird, lernt sie
einen Begleiter kennen, nämlich das »kleine Ich« (Ego).
Zunächst freunden die beiden sich vorsichtig an und klären
Ihre Zusammenarbeit: Das Ego wird für die Wahrnehmung via
Sinnesorgane zuständig sein (wobei es die neurophysiologi-
schen Strukturen des Körpers nutzt), während die Seele eine
eigene Wahrnehmungsfähigkeit besitzt, die allerdings außerhalb der sogenannten fünf Sinneskanäle operiert. Im Optimalfall kann die Seele die Augen, Ohren usw. des Ego mitbenut-
zen, während sie dem Partner ihre speziellen Wahrnehmungen
ebenfalls zugänglich macht.

Außerdem ist das »kleine Ich« zuständig für den Verstand
sowie für alle »normalen« Gefühle (mit physiologischer
Basis), von denen die Wissenschaftler sagen, sie entstehen
durch neuronale und hormonelle Prozesse. Die Seele hingegen
ist für die »Intelligenz des Herzens« zuständig, d.h. für die
bedingungslose Liebe (dazu gehört auch: wirklich verzeihen
können).

Wenn die freundliche Kooperation von Seele und Ego
klappt, dann entsteht in diesem Körper eine analytisch wie

1 © BIRKENBIHL (Fixstern-Seminar-Unterlage) 1997.

Der Lattenzaun
(Fortsetzung)

kreativ fähige »Persönlichkeit«, die ein sinnvolles, erfolgreiches und zufriedenes Leben führen kann.

Soweit die Theorie. In der Praxis wird jedoch die anfänglich gute Zusammenarbeit bald getrübt. Die Seele merkt nämlich nach einer Weile, daß zunehmend Störfaktoren erscheinen. Diese Fremdkörper behindern das FREIE Ausströmen der bedingungslosen Liebe.

»Was sind das für Dinger?« fragt die Seele. Das Ego sagt:

»Das sind **Programme und Blockaden.**«

»Programme?« fragt die Seele verwundert, »wie meinst du das?«

»Na ja, ich muß uns beide ja draußen in der Welt vertreten, und dort gelten bestimmte Spielregeln, wie man sich verhalten muß, wenn man von anderen akzeptiert werden will.
Jede Spielregel wird mir so lange einprogrammiert, bis ich sie kapiert habe. Jedes Programm ergibt eine Latte in diesem Lattenzaun.«

»Kannst du mir ein Beispiel geben?« will die Seele wissen.

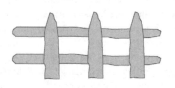
»Klar! Also wenn einer der großen Leute mit dir reden will, dann darfst du nicht etwa weiterspielen, du darfst auch keine Sache beenden, weil große Leute nie auf Kinder warten. Du mußt immer sofort verfügbar sein und ernst und aufmerksam schauen. Das ist so eine Spielregel, und wenn ich die nicht einhalte, dann liebt man uns nicht, verstehst du?«

»Ah!« sagt die Seele, »und wie lautet die Spielregel genau?«

Der Lattenzaun
(Fortsetzung)

»**Wenn du klein bist, darfst du große Leute nicht unterbrechen, wenn sie mit etwas beschäftigt sind. Nur umgekehrt.**«

vgl. auch den
Abschnitt
Stories (S. 86)

»Und die Blockaden?«

»Das sind die Querbalken. Die sollen dafür sorgen, daß dein Licht nicht in Bereiche vordringt, wo es nicht gewünscht wird.«

»Wie könnte bedingungslose Liebe irgendwo unerwünscht sein?« wundert sich die Seele.

»Na ja«, erklärt das Ego, »leider ist das weit häufiger der Fall, als du denkst. Wenn ich z. B. etwas angestellt habe, was den 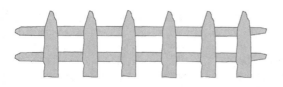 großen Leuten nicht paßt, dann erwarten sie jetzt, daß ich zerknirscht reagiere. Sie wollen Schuldgefühle von uns, aber **keine bedingungslose Liebe. Die würde sie völlig aus dem Tritt bringen,** wenn sie gerade so schön am Schimpfen sind. Das leuchtet dir doch sicher ein, oder?«

Da es in der Natur der bedingungslosen Liebe liegt, nichts »schlecht« oder »falsch« zu finden (das ist schließlich die Rolle, für die das »kleine Ich« durch die Umwelt erzogen wird!), akzeptiert sie diese und alle nachfolgenden Erklärungen des Ego, z. B. eines Tages:

»Ich bin geschäftlich sehr erfolgreich. Stell dir ein Meeting mit lauter hartgesottenen Businessleuten vor, wenn es um Geld und Konditionen geht. Da brauche ich alle meine Fähigkeiten, um sicherzustellen, daß niemand mich betrügt. Die Menschen sind ja so schlecht, und wenn du nicht furchtbar aufpaßt ... Na ja, da kann ich weiß Gott keine bedingungslos-liebevollen Blicke brauchen, die würden das sofort ausnützen ...«

Der Lattenzaun
(Fortsetzung)

Die Seele versucht zwar, dem »kleinen Ich« den Unterschied zwischen **Stärke durch Liebe** und **scheinbarer Stärke durch Härte** zu erläutern, aber sie spricht sehr leise, und das Ego hat sich inzwischen einen ziemlich lauten Monolog angewöhnt, der endlos erklärt und rechtfertigt ...

Wenn Sie aus dem Abschnitt Selbstwertgefühl hierher »gesprungen« sind, dann kehren Sie jetzt bitte zu S. 70 zurück. Danke.

Und so entstehen im Laufe der Zeit mehr und mehr Latten, und die Querbalken werden dicker und dicker, so daß es eines Tages kaum noch Zwischenräume gibt. Nun wird aus dem Lattenzaun eine Art »Mauer«, und so wird der **Wohnort der Seele zum Gefängnis**. Sie kann noch alles wahrnehmen, aber **die »Mauer« blockiert das Aussenden** der bedingungslosen Liebe. Diese gleicht einem wunderbaren weißen Licht, welches eingekerkert **innerhalb** der »Mauer« so hell wie eh und je scheint, aber es dringt nur wenig (durch kleine Ritze) nach außen ...

Stegreif-Rede

Stegreif-Rede zum Thema »Tarot« (s. S. 78)

Also gut. Der sogenannte Tarot besteht aus Spielkarten. Diese Karten enthalten Bilder. Und diese Bilder, Moment einmal, ich habe meine Karten ja immer bei mir ... Sehen Sie, diese Karten stellen symbolisch wesentliche Elemente des Erlebens dar. Wie z.B. diese Karte. Sie zeigt den Gehängten, aber er wurde nicht gehängt, sondern er hat sich selbst an den Füßen aufgehängt. Sehen Sie einmal den entspannten Gesichtsausdruck. Er will nämlich die Wirklichkeit aus einem neuen Blickwinkel sehen, um die Brille möglicher Vorurteile abzulegen.

Es gibt übrigens ein hochinteressantes Buch, in welchem ein Psychotherapeut namens KOPP zeigt, inwieweit der Tarot uns helfen kann, unser Leben zu meistern. Es heißt *Psychotherapie mit dem Tarot*. Aber es hat den bezeichnenden Untertitel *Kopfüber hängend sehe ich alles anders,* weil KOPP eben diese Karte Nummer 12 für eine der wichtigsten Karten im Tarot hält.

**Stegreif-Rede
»Tarot«
(Fortsetzung)**

Denn wenn wir uns weiterentwickeln wollen, dann lernen wir, wie dieser Hängende hier, trotz gewisser Erfahrungen, noch einmal neu und anders zu schauen. Sie sehen also, daß diese symbolischen Bildkarten uns helfen können, wichtige Einsichten zu gewinnen.

Und diese Karte ist auch typisch für die Art, wie der Tarot alltägliche Erfahrungen aufzeigt. Diese Karte zeigt einen Wagen. Sie sehen einen Wagenlenker und ein Fahrzeug, das von zwei Tieren gezogen wird, jedoch in zwei Richtungen ziehend. Also symbolisiert diese Karte Aspekte des Auseinanderstrebens. Z.B. wenn Ihr Herz und Ihr Verstand Sie zu anderen Vorgehensweisen drängen wollen. Gelingt es Ihnen als dem Wagenlenker nicht, diese beiden Strömungen zu vereinen, dann verlieren Sie die Kontrolle.

Und so bildet jede Karte einen Aspekt ab, der für den Menschen wichtig ist. Tja, war das in etwa eine Minute?

Informations-Rede

Informations-Rede zum Thema »Tarot«

Meine Herren, Sie erinnern sich an unseren Mullah Nasruddin. Nun, diesmal ist er Fährmann an einem reißenden Fluß. Und eines Tages rudert er einen recht selbstherrlichen Gelehrten

Nasruddin

ans andere Ufer. Die beiden unterhalten sich über alles mögliche, wobei dem pedantischen Gelehrten auffällt, daß Nasruddin Grammatikfehler macht. Er tadelt Nasruddin, weil dieser die Grammatik, die bei den Arabern einen ähnlich hohen Stellenwert hat wie bei uns die sogenannte gute Bildung, nicht gut kennt.

Der Gelehrte wörtlich: »Nasruddin, du hast dein halbes Leben vertan!« Kurze Zeit später nimmt die Strömung gefährlich zu. Nasruddin zu seinem Passagier: »Hast du je schwimmen gelernt?« Der Gelehrte muß verneinen. Daraufhin Nasruddin seufzend, aber nicht ohne einen gewissen Sarkasmus: »Dann war dein ganzes Leben leider vergebens. Die Fähre sinkt nämlich!«

Informations-Rede
»Tarot«
(Fortsetzung)

Ich hoffe, Ihnen mit dieser Geschichte gezeigt zu haben, daß die Frage, womit man sich beschäftigen sollte und womit nicht, in allgemeiner Form nicht beantwortet werden kann. Der Gelehrte hielt Grammatik, also formale Theorie und Logik, für immens wichtig. Während Esoteriker den Tarot

Wertsystem

hochhalten. Aber natürlich ist die Position des Gelehrten wie auch die der Esoterik letztlich eine Glaubensfrage. Deshalb hat es auch keinen Sinn, von einem Esoteriker zu verlangen, er solle einen Beweis für die Nützlichkeit des Tarot erbringen. Trotzdem wage ich jetzt einfach einmal die Behauptung, daß der Tarot für jeden intelligenten Menschen extrem hilfreich sein könnte, was man natürlich erst erfahren kann, wenn man einmal den Versuch damit gemacht hat.

Wieso hilft der Tarot uns bzw. wieso kann er jedem von uns helfen?

Antwort: Der Tarot gibt einem Menschen, der über wichtige Aspekte des Lebens nachdenken möchte, Auskunft über diese Fragen, bis hin zu den sogenannten letzten Dingen.

Lebensziel

Zum Beispiel: Welches Ziel hat jedes individuelle Leben? Wie kann sich der Mensch über verschiedene Stadien auf dieses Ziel hinbewegen? Wie erfährt er auf seiner Lebensreise immer wieder einmal eine Transformation? Und: Wie setzt er anschließend auf einer neuen Ebene seinen Weg fort?

der »NARR«

Nehmen wir einmal eine sehr wichtige Tarot-Karte, sie heißt *der Narr* und zeigt einen jungen Mann mit seinem Bündel, der sich auf den Weg macht. Dieser Weg kann als unser Lebensweg gesehen werden. Das Bündel enthält, sagen wir einmal, unsere bisherigen Erfahrungen, die wir gemacht haben. Nun ist die Karte des Narren eine Schlüsselkarte, die den Tarot sowohl beginnt als auch beendet. Sie hat die Nummer Null, während die anderen Karten der großen Arcana – Arcanum heißt übrigens Geheimnis, und es gibt zwei Kartensätze, die großen und die kleinen Geheimnisse – während also die anderen Karten der großen Arcana von 1 bis 21 durchnumeriert sind. Man könnte dies wie folgt interpretieren: Während der Mensch nach seiner Geburt seinen Weg ins Leben als unbedarfter Narr startet, endet er seine Lebensreise, wenn er alle Aufgaben gemeistert hat, als weiser Narr. Als einer, der über den Dingen

Informations-Rede
»Tarot«
(Fortsetzung)

Deutung der
»Narrenkarte«

steht und weiß, was er alles nicht benötigt, um in den Stand eines Erleuchteten zu gelangen. Diese Distanz zu den Dingen bedeutet aber auch Distanz zu den eigenen Problemen und somit – neben einer gewissen Weisheit, die nämlich nicht automatisch mit dem Alter einhergeht – auch eine innere Sicherheit, die nicht mehr leicht erschüttert werden kann.

Sie sehen, dieser Dialog mit dem Tarot kann so faszinierend sein, daß in der Regel kaum jemand, der sich auch nur flüchtig mit der magischen Bilderwelt des Tarots beschäftigt hat, wieder davon lassen kann. Weiter heißt es, den Tarot betreffend: Alles Geschehen im Universum und alles Geschehen im individuellen menschlichen Dasein erfolgt im Rahmen bestimmter Universalgesetze, welche die Tarot-Karten in verschlüsselter Form abbilden. Und niemand kann sich aus diesen Gesetzen lösen, ob er sie nun bewußt kennt oder nicht.

Deshalb ist der Tarot für den Suchenden eine so große und unentbehrliche Hilfe. Er führt uns jenseits kleinlicher Tagesprobleme ein wenig in der Art eines Schutzengels durch die Anfechtungen des Lebens.

Tarot: Hilfe
für Suchende

Wie wäre es, meine Herren, wenn auch Sie einen Versuch mit dem Tarot machen würden, indem Sie sich sofort nach Seminarende in die nächste Buchhandlung stürzen, um ein erstes Einführungsbuch zu dem Thema plus selbstverständlich gleich Ihr erstes Kartendeck zu kaufen?

Denn man sollte meiner Meinung nach nicht ablehnen, was man nicht kennt. Insbesondere, wenn man bedenkt, welche Chancen der Tarot für Ihre erfolgreiche Lebensführung, ja Lebensmeisterung bietet. Ich danke Ihnen!

Meinungs-Rede zum Thema »Beamte«

Meine Herren, Sie wissen ja, warum jeder Beamte laut offizieller Anordnung täglich einen Underberg trinken muß?

Nun, damit wenigstens sein Magen etwas zu arbeiten hat! Aber, Spaß beiseite – das Thema ist ernst genug. Wir alle haben uns wohl doch schon über Beamte aufgeregt. Aber die lächerlich wenigen Stunden für Parteiverkehr, und das zu Zeiten, in denen berufstätige Bürger fast gar nicht kommen können. Über die langen Bearbeitungszeiten einiger Formulare, über das Schild *Schalter geschlossen*, während am anderen Schalter die Leute eine Stunde lang Schlange stehen müssen.

Die Leute, das sind doch wir, die Steuerzahler. Wir, die Arbeitgeber dieser Beamten, oder? Nun, wir mögen zwar deren Bezüge finanzieren, aber wir sind ansonsten der Faktor, auf den ein Beamter noch am ehesten verzichten könnte.

Denn während seine englischen Kollegen sich noch als »civil servants«, also als Diener des Volkes sehen, sind deutsche Beamte seit alters nicht etwa Dienstleistende für die Steuerzahler, sondern Staatsdiener, also der verlängerte Arm der Macht gewesen. Denn ein Staatsdiener dient denjenigen, die den Staat lenken, nicht etwa den Gelenkten.

Früher arbeiteten Beamte für Könige und Kaiser; denen schworen sie ihre Loyalität, und dafür wurden sie fürstlich belohnt, damit sie es nie bereuten, selbst wenn sie vorzeitig zum Aufhören gezwungen sein mochten – ihre Pension war ihnen allemal sicher.

Und das ist heute noch so. Und als Diener des Staates sahen sie sich natürlich als ein Bindeglied zwischen Palast und Volk, aber weit näher den Palastbewohnern. Und als solche gebärden sie sich auch heute noch.

Man hat vorhin bereits impliziert, daß ich hier möglicherweise persönliche Vorurteile als Fakten hinstellen werde.

Nun, bitte entscheiden Sie selbst!

Wann haben Sie sich zum letzten Mal über einen Beamten geärgert? Wie oft haben Sie sich bereits über Beamte geärgert? Sind Sie schon jemals in Ihrem Leben höflich und zuvorkommend von einem Beamten behandelt worden? Und wenn ja,

Meinungs-Rede
»Beamte«
(Fortsetzung)

dann können Sie die Anzahl solcher Erlebnisse sicher an den Fingern einer Hand abzählen! Warum zum Teufel bezahlen Beamte keine Steuern? Warum werden unfähige Beamte gemäß Peter-Prinzip, mittels lateraler Arabeske, in eine Position verschoben, in der sie zwar kein Unheil mehr anrichten können, aber weiterhin satte Bezüge beziehen. Während in der Industrie ...

Zwischenfrage

Entschuldigung, Zwischenfrage: Was ist das Prinzip Peter genau?

Peter-Prinzip

Peter-Prinzip! Jeder wird so lange befördert, bis er den Grad seiner Inkompetenz erreicht hat! Dabei ist es unerheblich, ob der Inkompetente in ein Büro verschoben wird, das normalerweise nie jemand betritt, oder ob man ihm im Europa-Parlament einen samtbezogenen Sessel hinstellt. Das heißt, einen Unterschied gibt es schon – dafür, daß er seine vier Buchstaben auf den Eurostuhl hievt, bekommt er natürlich gleich noch mehr Geld für seine Unfähigkeit. Er darf ja jetzt international unfähig agieren. Das muß dem Steuerzahler natürlich auch mehr wert sein.

Schlußgedanke

Ich weiß, daß es sicher auch engagierte und hochmotivierte sowie fähige Beamte geben muß, irgendwo – nur wo, bitte? Wenn Sie einen solchen kennen oder finden, dann stellen Sie ihn mir bitte vor, damit auch ich ihn kennenlerne. Ich bin ja gern bereit, meine sogenannten Vorurteile im Lichte neuer Erkenntnisse aufzugeben. Aber nur, wenn man mir beweisen kann, daß das sinnvoll ist.

Ich danke Ihnen!

Literaturverzeichnis

1.   * **Anthony, Dr. Robert:** Startbuch für Lebensveränderer, Fischer Verlag Münsingen-Bern 1998

2.   **Bateson, Gregory:** Ökologie des Geistes, Suhrkamp Verlag Frankfurt a. M. 2001

3.   **Birkenbihl, Vera F.:** Erfolgstraining, mvg-Verlag Landsberg 12. Aufl. 2001
     – Kommunikationstraining – zwischenmenschliche Beziehungen erfolgreich gestalten, mvg-Verlag Landsberg 24. Aufl. 2003
     – Freude durch Streß, mvg-Verlag Landsberg 14. Aufl. 2001
     – Stroh im Kopf? – Vom Gehirn-Besitzer zum Gehirn-Benutzer (Buch), Gabal Verlag Offenbach 39. Aufl. 2001
     – Stroh im Kopf? – (Kassetten-Set), birkenbihl-media Bergisch-Gladbach
     – Rhetorik-Training, Kassetten-Seminar, Ariston Verlag München 11. Aufl. 2001
     – Signale des Körpers, mvg-Verlag Landsberg 16. Aufl. 2002
     – Der Birkenbihl-Power-Tag, mvg-Verlag Landsberg 5. Aufl. 2000

     (Von meinen Büchern/Kassetten/Videos liste ich hier nur die in diesem Buch erwähnten auf!)

4.   * **Egli, Rene:** Das LOL^2A-Prinzip oder Die Vollkommenheit in der Welt, Edition d'Olt Oetwil a.d.L. 29. Aufl. 2002

* Die mit Stern markierten Titel beziehen sich vor allem auf den Abschnitt *Selbstwertgefühl (SWG)* auf S. 170.

5. **Festinger, Leonard:** Conflict, Decision and Dissonance, Stanford University, USA, 1964

6. * **Fischer, Theo:** Wu wei – Die Lebenskunst des Tao, Rowohlt Taschenbuch Verlag Reinbek Neuausgabe 2003

7. **Flemming, Michael:** Schnellkurs zum Telefon-Profi, BVB 2. Aufl. 1995
    – Persönliche Höchstleistung macht Freude, Econ Verlag 2. Aufl. 1996

8. * **Golas, Thaddeus:** Der Erleuchtung ist es egal, wie du sie erlangst, Neuauflage Hugendubel München 2003

9. **Grock:** Nit mö-ö-öglich. Die Memoiren des Königs der Clowns, Henschel Verlag Berlin 1991

10. **Hey,** der kleine:
    s. unter **Reusch**, Fritz

11. * **Jampolsky, Gerald G.:** Die Kunst zu vergeben. Der Schlüssel zum Frieden mit uns selbst und anderen, Goldmann Verlag München 2001
    – Wenn deine Botschaft Liebe ist. Wie wir einander helfen können, Heilung und inneren Frieden zu finden, Kösel Verlag München 4. Aufl. 1988

12. * **Jampolsky, Gerald G./Cirincione, Diane V.:** Liebe ist die Antwort. Beziehungen positiv gestalten, Goldmann Verlag München 1994

13. **Kaplan, Stuart R.:** Der Tarot – Geschichte, Deutung, Lege-Systeme, Hugendubel Verlag München 4. Aufl. 1985

14. **Kopp, Sheldon B.:** Psychotherapie mit dem Tarot: Kopfüber hängend sehe ich alles anders, Eugen Diederichs Verlag München 5. Aufl. 1988

15. **Lay, Rupert:** Dialektik für Manager, Langen Müller Verlag München 1983

16. **Lemmermann, Heinz:** Lehrbuch der Rhetorik: Redetraining mit Übungen, mvg-Verlag Landsberg 8. Aufl. 2000

17. **Lenneberg, Eric H.:** Biologische Grundlagen der Sprache, Suhrkamp Verlag Frankfurt/Main 1973

18. * **Liberman, Jacob:** Natürliche Gesundheit für die Augen. Sehstörungen beheben, die Sehkraft verbessern, Scherz Verlag München 1997. Achtung: Der Titel ist irreführend, das Buch ist für absolut jede/n eine Erleuchtung, unabhängig davon, wie gut Sie derzeit sehen können!

19. **Miller, Nunally, Wackman & Saline:** Gespräche selbstsicher und ebenbürtig führen, mvg-Verlag Landsberg 2. Aufl. 1988

20. **Pearce, Joseph Chilton:** Der nächste Schritt der Menschheit, Arbor Verlag 2. Aufl. 1996

21. **Pollack, Rachel:** Tarot – 78 Stufen der Weisheit, Knaur Verlag München 1996

22. **Puntsch, Eberhard:** Zitatenhandbuch Band 1: Für Wissenschaftler, Journalisten, Politiker, Künstler, Manager, Redner, Erzieher, Korrespondenten, mi-Verlag Landsberg 13. Aufl. 1993
    – Zitatenhandbuch Band 2: Eine besondere Auswahl aus drei Jahrtausenden, mi-Verlag Landsberg 3. Aufl. 1994

23. **Reusch, Fritz:** Der kleine Hey – Die Kunst des Sprechens (Nach dem Urtext von Julius Hey), Mainz, revidierte Neuauflage 1971

24. **Restak, R. M.:** Geheimnisse des menschlichen Gehirns, mvg-Verlag Landsberg 1989

25. * **Roger, John/McWilliams, Peter:** Geld allein macht nicht glücklich. Wege zur neuen Bescheidenheit, Ullstein Verlag Frankfurt a. M./Berlin 1994

26. **Rogers, Natalie:** Frei reden ohne Angst und Lampenfieber, mvg-Verlag Landsberg 1996

27. * **Roman, Sanaya:** Sich den höheren Energien öffnen. Die unsichtbaren Kräfte des Universums nutzen, Ansata Verlag 4. Aufl. 1990

28. **Schneider, Wolf:** Wörter machen Leute, Piper Verlag München 10. Aufl. 2002

29. * **Smothermon, Ron:** Drehbuch für Meisterschaft im Leben, Kamphausen Verlag Bielefeld 11. Aufl. 1996

30. * **Watts, Alan:** Die Illusion des Ich. Westliche Wissenschaft und Zivilisation in der Krise – Versuch einer Neuorientierung, Kösel Verlag München 1980

31. **Watzlawick, Beavin & Jackson:** Menschliche Kommunikation: Formen, Störungen, Paradoxien, Huber Verlag Bern etc. 2003
    – Wie wirklich ist die Wirklichkeit? Piper Verlag München 28. Aufl. 2002

32. **Whorf, Benjamin:** Sprache, Denken, Wirklichkeit, Rowohlt Verlag Reinbek 24. Aufl. 2003

33. **Was geschah am ... ?**
    Alle Ereignisse der Geschichte, geordnet nach den Tagen des Jahres, Harenberg Verlag 2000

Register

Spencer Johnson

Die Mäusestrategie für Manager

Veränderungen erfolgreich begegnen

100 Seiten, Gebunden mit Schutzumschlag
ISBN 3-7205-2122-2

Die Mäuse-Strategie ist eine leichte, humorvolle und
doch tiefsinnige Geschichte über plötzlich auftauchende
Veränderungen und wie man ihnen begegnet.
Der amerikanische Erfolgsautor Spencer Johnson half mit der Parabel
von Mäusen und Menschen schon Tausenden von Lesern:
Veränderungen nicht als Schicksal hinzunehmen,
sondern sie als Chance aktiv zu nutzen.
Bei Veränderungen die Entscheidung zu treffen,
die unseren Erfolg, unser Fortschreiten,
unsere Zufriedenheit bestimmt.

ARISTON

Vera F. Birkenbihl

Das 30-Tage-Trainings-Programm

Kommunikation und Rhetorik

Ca. 136 Seiten, Broschur
ISBN 3-7205-2409-4

Der persönliche Workshop in Buchform!

Ziel dieses Buchs ist, die kommunikativen und/oder rhetorischen
Fähigkeiten zu verbessern. Dieses Buch enthält ein komplettes Seminar
mit Aufgaben und Übungs-Anweisungen für ein konkretes Training.
Dabei gilt es, sich einige Aspekte auszusuchen, die trainiert werden
sollen und dann einen persönlichen Trainingsplan zu erstellen.

Die Aufgaben basieren auf den Ergebnissen der Hirnforschung.
Die Autorin Vera F. Birkenbihl beweist seit über drei Jahrzehnten
mit ihrem Konzept des »gehirn-gerechten« Vorgehens,
dass Lernen mit so viel Spaß verbunden sein kann, dass einige der
Trainings-Aufgaben eigentlich wie SPIELE wirken.

ARISTON

GOLDMANN

Das Gesamtverzeichnis aller lieferbaren Titel erhalten Sie
im Buchhandel oder direkt beim Verlag.
Nähere Informationen über unser Programm erhalten Sie auch im Internet unter:
www.goldmann-verlag.de

★

Taschenbuch-Bestseller zu Taschenbuchpreisen
– Monat für Monat interessante und fesselnde Titel –

★

Literatur deutschsprachiger und internationaler Autoren

★

Unterhaltung, Kriminalromane, Thriller
und Historische Romane

★

Aktuelle Sachbücher, Ratgeber, Handbücher und
Nachschlagewerke

★

Bücher zu Politik, Gesellschaft, Naturwissenschaft und Umwelt

★

Das Neueste aus den Bereichen
Esoterik, Persönliches Wachstum und Ganzheitliches Heilen

★

Klassiker mit Anmerkungen, Anthologien und Lesebücher

★

Kalender und Popbiographien

★

Die ganze Welt des Taschenbuchs

★

Goldmann Verlag • Neumarkter Str. 28 • 81673 München

Bitte senden Sie mir das neue kostenlose Gesamtverzeichnis

Name: _____

Straße: _____

PLZ / Ort: _____